第2版

いちばんやさしいデジタルマーケティングの教本

人気講師が教える
コミュニケーションと販促の新しい基礎

JN029782

インプレス

Profile

著者プロフィール

田村 修（たむら・おさむ）

株式会社5 執行役員

1985年に獨協大学経済学部を卒業後、株式会社第一広告社（現I&S BBDO）に入社。1996年にデジタル・アドバタイジング・コンソーシアム株式会社（DAC）の創立メンバーとして出向し、ネット広告の創成期に広告メニューの開発・営業・メディアプランニングに携わる。2007年には株式会社レリバンシー・プラスをDACとアイレップのJVとして設立、代表取締役副社長に就任。その後株式会社アイレップに転籍し、メディアプランニング事業、広告会社向け事業を牽引。一般社団法人 日本インタラクティブ広告協会（JIAA）では長年にわたって新人研修プロジェクトリーダーとして「インターネット広告の基本実務」の改訂と研修講師を務める。

2021年より株式会社5にて、人事採用、教育から事業開発、コンサルティング業務に従事。

東京理科大学経営学研究科技術経営専攻（MOT）修了。一般社団法人 日本インタラクティブ広告協会（JIAA）プロジェクトフェロー。東京理科大学大学院経営学研究科講師（非常勤）。専修大学／産業能率大学兼任講師。

● **購入者限定特典　電子版の無料ダウンロード**

本書の全文の電子版（PDFファイル）を以下のURLから無料でダウンロードいただけます。

ダウンロードURL：**https://book.impress.co.jp/books/1121101011**

※画面の指示に従って操作してください。
※ダウンロードには、無料の読者会員システム「CLUB Impress」への登録が必要となります。
※本特典の利用は、書籍をご購入いただいた方に限ります。

はじめに

今日、「消費者のデジタルシフトが加速した」「ビジネスもデジタルでイノベーションを」と、ビジネスにおけるデジタル戦略の重要性が叫ばれています。2020年からのコロナ禍においては、リモートワークや業務のデジタル化が実現し、消費者のオンライン購入やキャッシュレス決済もさらに加速しています。そんな中、マーケティングもデジタル化することは当然のように見えますが、デジタルマーケティングとは何なのか、何から取り組めばいいのか。そんな疑問から本書を手に取られた方もいらっしゃるでしょう。

本書は、「まず一冊目に読むデジタルマーケティングの本」として、デジタルマーケティングの全体像をつかみ、考え方の基礎を習得していただくことを目的としています。

企業が直面する主要な課題を洗い出し、「オウンドメディア」「ネット広告」「ソーシャルネットワーク」という3つのオンラインメディアを駆使しながら、デジタルマーケティングを実践する基礎を身に付けます。また、終盤にかけてはマーケティング概念を理解しながら、デジタルマーケティングで課題解決する方法をより明確にしていきます。

本書の初版が出版された2017年は、「デジタルマーケティング」という言葉が大きく注目され、多くの関連書籍が出版された年でした。しかしその多くは解析ツールの使い方やノウハウだったり、「○○マーケティング」という新しい概念の紹介だったりと、マーケティングを基礎から理解し課題に取り組める本は少なかったと感じています。

今回、ロングセラーとなり手を加えることになった改訂版では、ここ数年の新しい潮流を押さえ、ポイントをあらためて整理しました。その上で、今後を見通す新たな視座として、ブランディング、企業と顧客の価値創造といった長期的視点に着目しました。社会全体がデジタルにシフトしても、それを使うのは変わらず人であり消費者です。デジタルを通して企業が向き合うのも人であり、その心です。本書を手にとった方がマーケティング目標を達成し、長期の成果を手にする一助となれば幸いです。

2021年8月

田村 修

いちばん やさしい
デジタルマーケティング 第2版
の教本 人気講師が教える
コミュニケーションと販促の新しい基礎

Contents
目次

Chapter **1** デジタルとマーケティング
の関係を整理しよう
page **11**

Chapter 2 | オウンドメディアを
正しく運営しよう

page
37

**Chapter 3　ブランド訴求から販促まで
ネット広告を広く活用しよう**　page **71**

Chapter

1

デジタルと
マーケティングの
関係を整理しよう

Chapter 1ではまず、私たちの生活にデジタル情報がどう関わっているのかを整理し、「デジタルマーケティング」にどのように向き合っていけばいいのかを考えてみましょう。

Lesson ［デジタルマーケティングの背景］

01 デジタルシフトが進む 社会を知ろう

このレッスンの ポイント

ここ数年、社会のデジタル化は、止まることなく進んでいます。DX、AIといった言葉が連日メディアに登場し、企業戦略の要となっています。まずは、ここ数年のデジタルシフトの流れをあらためて押さえておきましょう。

○ デジタル化がさらに進み社会の基盤となっている

日本のインターネット利用者の割合は、総務省が2021年6月に発表した「通信利用動向調査」によれば13〜59歳の各年齢で9割を超えました。個人のインターネット利用機器ではスマートフォンがパソコンを上回り、20〜39歳の各年齢層で9割以上が利用しています。オンラインでのサービス利用実態は、オンラインショッピングが78.4%となり、2019年度に比べ約3人に1人の割合となる35.6%の人が利用が「増えた」と回答しています[1]。

この動きは消費者の中だけに留まりません。日本政府はデジタル社会に向けてデジタル庁の設立を進めており、企業にとってもデジタル化への対応は経営の最重要課題と考えるようになりました。世の中をあげてのデジタル人材育成やデジタル化に向けた組織改革が行われています。特に、2020年からのコロナ禍は、政府、企業、消費者のデジタル化を大きく推進させたといえるでしょう。

▶ インターネット利用率の推移 図表01-1

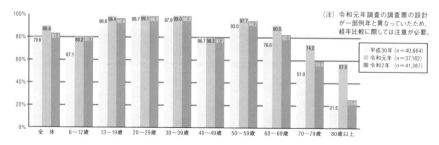

出典：総務省「令和2年通信利用動向調査」https://www.soumu.go.jp/johotsusintokei/statistics/data/210618_1.pdf
※1 三井住友カード「今後もオンラインサービスを利用したいという人は8割以上！多種にわたるキャッシュレス決済の選ぶ理由も徹底調査！」https://www.smbc-card.com/cashless/knowledge/online_service.jsp

● デジタル化の主流はスマートフォン

メディア接触といえば以前はテレビが主役でしたが、2021年にはスマートフォンの接触時間が急速に伸び、テレビの接触時間と並ぶ勢いです。利用頻度の高さも特徴です。情報通信ネットワーク産業協会の調べによると、スマートフォン利用率は60代までで98%となっており、ほぼ全員が所有してメールやメッセンジャーなどの通信、動画の視聴、アプリ通話をはじめ、テレワーク（Web会議）やオンライン授業、オンラインイベントまで利用目的も多岐にわたります。さらに、モバイルキャッシュレス決済は51.8%と半数を超えるまでに利用者が増え、社会のデジタル化はスマートフォンを中心に動いているともいえるでしょう。

▶ **メディア総接触時間の時系列推移（1日あたり・週平均）：東京地区** 図表01-2

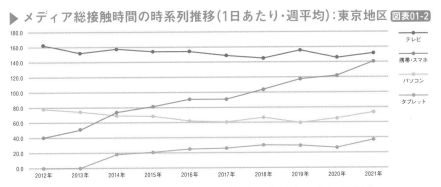

出典：博報堂DYメディアパートナーズ メディア環境研究所「メディア定点調査2021」より著者作成
参考：一般社団法人情報通信ネットワーク産業協会「2020年度モバイル通信端末の利用実態調査」https://www.ciaj.
　　　or.jp/pressrelease2020/6280.html

● 社会も仕事もデジタル化している

スマートフォンをはじめとするさまざまなデジタルサービスが牽引力となり、私たちの社会は大きくデジタルシフトしている最中といえます。コロナ禍で進んだリモート勤務では、会議はオンライン化し、稟議や決裁のシステムまでデジタル化が一気に進んだこともその一例です。
近年、企業におけるデジタル化の取り組み「DX（デジタルトランスフォーメーション）」の重要性が叫ばれています。うわべだけのソリューション導入を進めるのではなく、このようなデジタル化する社会の仕組みや消費生活に合わせて、企業活動全般を変革させていくことこそが、真のDXなのです。

> 普段意識していないかもしれませんが、仕事でもプライベートでも、デジタル化は着実に私たちの生活を変えています。

02 デジタル化がビジネスに与える影響を理解しよう

**このレッスンの
ポイント**

社会のデジタル化は企業戦略においても大きな影響を及ぼすようになっています。このレッスンでは、デジタル化が企業の戦略にどのような影響を与えているのかを整理してみましょう。

◯ デジタル化は企業活動の根本を変革した

社会のデジタル化が企業活動にどのような影響を与えているのかを考えるために、まずビジネスが「デジタル」であることの性質と特徴をデジタル化以前と比較してみると、次の3つに集約されます。

① 複製が容易であり劣化しない
② 輸送配送コストや保管コストが格段に下がる
③ 形のある商品（モノ）というより、無形のサービスが多く含まれる

今までのビジネスは高品質な商品（モノ）を大量に生産し、全国どこでも買えるように、物流網・流通網を整備する必要がありました。それらをいかに構築し、どのように商品を流通させていくかが企業の競争力の源泉だったのですが、デジタルはそれらの考え方を根本から変え、それどころか商品という概念すら大きく変えてしまったのです。

▶ アナログ時代とデジタル時代の商品の特徴 図表02-1

	アナログ時代	デジタル時代
生産・保管	生産には大規模な設備が必要である。商品は経年劣化する場合がある	コピーは容易であり、データは変化せず劣化しない
物流	商品管理には倉庫が必要であり、配送には費用と時間がかかる	データダウンロードは時間がかからず、通信コストは年々低下している。
消費の概念	物理的なモノを所有する消費である	モノはなくサービスとしての消費である

● デジタル化がモノからサービスへの変化を加速した

一例として、音楽や映像作品といったコンテンツビジネスのデジタル化について考えてみましょう。従来はCDやDVDといったモノとしてのメディアに記録され、店舗に運ばれ、商品として販売されていましたが、インターネット時代には聴きたい、観たいと思ったときにオンラインですぐに楽しむことが可能になりました。

そこには物質としてのモノは存在しません。

消費者の消費に対する意識も、レコードやCDという商品パッケージを所有するという購買・消費欲求から、いつでもどこでも好きなときに好きな音楽を聴くことができるというサービス消費へと変化したのです。

▶ アナログ時代とデジタル時代の商品流通の違い 図表02-2

従来はCDやDVDといったモノがリアルに流通していた。

現在はモノは存在せず、瞬時にデータが送られ消費が可能。

● デジタル化が消費者との関係性を変えた

今まで、商品の企画製造段階から最終的に消費者の手に届くまでには、さまざまな企業や人手を介しました。また、流通網を自社で整備することなど通常は困難でした。しかし、デジタルサービスは通信の発達で商品の企画製造から消費者までの距離を一気に短縮可能にしました。さらに、今までは自社の消費者の情報に接することが難しかったメーカーなどの

企業も、卸しや販売店を介することなく、消費者のプロフィールや購入内容といった情報に直接触れることができ、データとして保有することまで可能になったのです。デジタルサービスで消費者が商品をデータとして消費するようになって起きたこれらの変化は、企業の製造企画・販売戦略、マーケティングなどあらゆる面に大きな影響を与えています。

> デジタル化のビジネスへの影響は、企業と消費者の距離を一気に短くしたことだと言えます。

03 デジタル化がマーケティングに与える影響を理解しよう

**このレッスンの
ポイント**

デジタル化は社会と企業の関係だけではなく、企業と消費者の関係にも大きな影響を及ぼします。このレッスンでは、デジタル化が企業のマーケティング戦略にどのような影響を与えているのかを整理してみましょう。

⭕ デジタルサービスでの行動はデータという足跡を残す

私たちがデジタルのサービスを利用する時、サービスの提供元と利用者のスマートフォンやパソコンとは、必ず一対一の関係になります。放送局から不特定多数の視聴者へ送信されるマスメディアとは、ここがまず大きく異なります。

サービスの提供元には、一人一人の利用状況や提供経路などがしっかりと記録されます。例えば、音楽配信サービスであ

れば、視聴やダウンロードをした日時や曲の内容はもちろん、どのような機種のデバイスで聴いているのか、どのくらいの頻度で利用しているのか、過去にどのような曲を視聴したのかといった情報がデータ化されます 図表03-1 。

デジタルサービスでは、いわば「デジタルの足跡」が残るといえるでしょう。

▶ デジタル音楽配信の例 図表03-1

曲名、日時、訪問回数、履歴、端末情報、キャリア、位置情報

会員登録

楽曲視聴

利用者

利用するには通常会員登録が必要で、配信事業者のサーバーには、「誰が」「いつ」「何を」視聴したのかといった行動のデータが蓄積される。

今まで知ることができなかったことがデータ化され、マーケティングにも大きな影響を与えたのです。

● データを分析してレコメンドやサービス最適化ができる

利用者が欲しいと思うような商品をレコメンドしてくれる機能もデータ活用の一例です。例えばNetflixなどのサブスクリプション型の映像配信サービスでは、過去に観た作品の傾向からおすすめ作品を次々と表示してくれます。

ある飲食の来店予約アプリでは、レストランの混雑状況をリアルタイムで提供し、過去のデータから「何分後に案内が可能です」といった情報を提供するものがあります 図表03-2 。来店客は待ち時間を減らせ、店舗側は混雑状況を把握しつつ予約客のプロフィールからオーダー傾向も予測できるため、食品ロスを減らすことも期待でき、データ活用によるサービスの最適化を実現させる例といえます。

▶ 来店予約アプリによるビジネスの最適化とサービスの向上 図表03-2

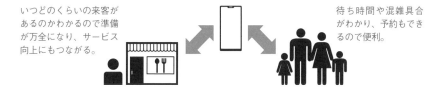

いつどのくらいの来客があるのかわかるので準備が万全になり、サービス向上にもつながる。

待ち時間や混雑具合がわかり、予約もできるので便利。

● デジタル活用が付加価値を生む

企業が社会に対して果たす役割は、今まで"良いものを安く作る"といった「モノ」の製造に焦点をあてていました。しかし技術が進化し、製品の開発水準や製造水準が年々向上していくに従って、モノの品質が向上して均等になってしまうと、"良い物を安く"だけでは企業の差別化ができなくなってきています。

そこで次第に、モノだけではなく、サービスを含めて価値を提供しようとしていく考え方が生まれてきています。このとき、どうすれば顧客にとって付加価値の高いサービスを提供できるのかといった課題に対する解決方法のひとつが、データの分析と活用なのです。

▶ データを活用したサービスソリューション開発 図表03-3

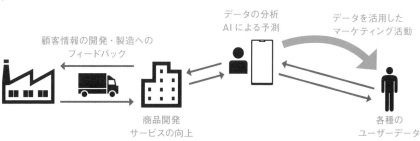

顧客情報の開発・製造への
フィードバック

データの分析
AIによる予測

データを活用した
マーケティング活動

商品開発
サービスの向上

各種の
ユーザーデータ

Lesson

04

[ブランディングの重要性]

デジタルだからこそ、もっとブランドに着目しよう

このレッスンの
ポイント

デジタル化は、消費者が欲しいと思ったときにはすぐに購入できる環境を作り出しました。それゆえに、欲しいと思ったらその場で選んでもらえるブランド作りが、より重要となってきたのです。

◯ 思いついたらすぐ買えるスマートフォン社会

インターネットの普及によりオンラインショッピングの利用が急速に増えていることはLesson 01でも触れました。私たちの情報入手経路はマスメディアや実際の店頭といったリアルな場所や、チラシやカタログといった紙のメディアから、デジタルメディアへと移行しています。特に手元にあるスマートフォンから得られる情報が占める率は大きく、商品そのも

のの情報だけでなく、「どこそこでは安く売っていた」「使ってみたら使いやすかった、便利だった」「こんな商品もある」と大量のクチコミと評判を入手できます。消費者は、これらの情報に常に接触しており、欲しい、今必要と思ったら、その画面からクリックひとつで簡単に購入する環境ができあがりつつあります 図表04-1 。

▶ デジタルは買おうと思ったときにすぐ買える環境を作り出した 図表04-1

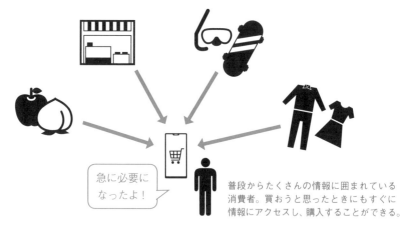

急に必要に
なったよ！

普段からたくさんの情報に囲まれている
消費者。買おうと思ったときにもすぐに
情報にアクセスし、購入することができる。

● 買いたいと思ったときには候補は決まっている

では、消費者は多くの商品からどうやって商品を選ぶのでしょうか。品質や機能に大きな差のない一般化した商品や「最寄り品」(82ページ参照)なら、検索した結果から衝動的に買ったり、価格を比較して買うといった行動もあるでしょう。

しかし、高額商品や「買い回り品」といわれる耐久消費財や趣味品では、知らないブランドを衝動的に購入するというケースはまずありません。セールなどをき

っかけに短期間で購入判断するとしても、それはすでにブランドを認識し、商品知識やクチコミから「買っても安心」という信頼があるからなのです。いつでも買えるからこそ、「買おうと思ったときには、すでに買うべきものの候補リストが頭の中で決まっている」のです。普段から受け取っているたくさんの商品情報から、消費者は自然と自分が購入したい企業の候補リストを作っているのです。

▶ ブランドコミュニケーションが重要 図表04-2

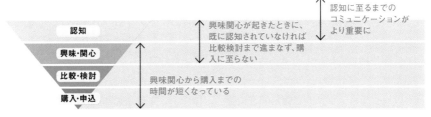

購入に至るまで時間が短い時代には、認知までにかけるブランドコミュニケーションが重要。

● 大切なのは普段からのブランドコミュニケーション

今までのマーケティングの考え方では、消費者のニーズを捉えて「欲しい」と思ってもらうモチベーション喚起や、モチベーション発生後の他社商品との差別化といった販促施策などが非常に有効と考えられていました。

ところがデジタル時代には、消費者の購入動機が生まれたときを起点に徐々に商品の理解を進めてもらうという旧来のマーケティング思考では手遅れなのです。購入動機が生まれたときにはすでに消費者の心の中に購入候補リストができているのですから、欲しくなったときに「私が買うのはこれ」と思ってもらえるように、事前の商品理解やブランドコミュニケーションが欠かせなくなっています。

いつでもどこでも購入できる時代に選ばれるためには、常に消費者の購入候補リストの上位に入っていることが必要です。

[マーケティングの目的]

デジタル時代もマーケティングの目的は「売上と利益」を作ること

このレッスンの
ポイント

> デジタル化によって、考え方のすべてを変える必要はありません。マーケティングの目的は、「売上と利益を作ること」「売れる仕組みを作ること」であり、デジタルの世界でも本質は変わることはないのです。

○ マーケティングの目的は「売上と利益」を作ること

現在、マーケティングの概念はとても広くなっており、企業が行う営利活動以外にも、国や地域の組織、非営利団体などの活動に対して使われています。それゆえ「マーケティング」の定義も非常に複雑になってきています。

一方、「現代マーケティングの父」と呼ばれるフィリップ・コトラー氏は、マーケティングを最も短い言葉で定義すれば「ニーズに応えて利益を上げること」だと、非常にシンプルに述べています 図表05-1。本書も同様に、「マーケティング」の定義にはさまざまなものがあることを理解しつつ、シンプルに「売上と利益」を作っていくものとして捉えています。

また「売上と利益」といっても、企業主体による営業活動からの売上拡大や、コスト削減による利益の確保をテーマにしているのではありません。本書では、コトラー氏の「（消費者の）ニーズに応える」という視点に着目しながら、消費者の価値観や消費行動の理解を通じて、売上と利益を作っていく施策を考えていきます。

▶ コトラーによる「マーケティング」の定義 図表05-1

> マーケティングを最も短い言葉で定義すれば「ニーズに応えて利益を上げること」となろう。
> ——フィリップ・コトラー、ケビン・レーン・ケラー
> 『コトラー＆ケラーのマーケティング・マネジメント（第12版）』（丸善出版）

> 「消費者のニーズに応える」マーケティングについて学ぶのが、本書のテーマでもあります。

● 売上は単価×量で決まる

では、売上はどうやって作られているのかを考えてみましょう。売上を分解してみると“売上＝単価×量”という非常に単純な式で表すことができます。売上を拡大していくためには量が一定であれば単価（1個あたりの価格）を上げていくしかありませんし、単価が一定であれば量を増やしていくしかありません。

▶ 売上の構成要素 図表05-2

$$売上 = 単価 \times 量$$

● 単価を上げていく方法は「価値を認めてもらう」こと

では、単価を上げていくにはどうすればいいかを考えてみましょう。企業が「この商品はこの価格である」と価格設定をしても、消費者が「その価値はない」と判断してしまえば購入されることはありません。

では、商品の価値とは何でしょうか。商品の価値は、商品そのものの素材や仕様や機能・デザインといった企業が個別に開発・改良によって提供できる部分と、ブランドやイメージなどの消費者の内面に生まれてくるものに分けられます。前者は、企業側の商品の企画開発工程や材料の仕入れなどから設定されます。一方、後者については消費者が受け取る商品情報や企業情報、過去の体験や記憶、人からの伝聞などから醸成されます。

商品の価値は自然発生的に生まれるものもありますが、企業としては消費者に対して積極的に自社の商品の特徴や優位性を伝え、利便性やメリットを伝えながらこの両方の価値を認めてもらう必要があります。

▶ 単価を上げていく方法 図表05-3

 =

価値のあるものは単価が高くなる。所有する価値があると考えれば、高いものでも人は好んで買おうとする。

◯ 量を増やしていく方法は3つに分けられる

一方、量を増やしていくためにはどうすればいいでしょうか。量は大きく「客数」「個数」「頻度」に分けて考えられます。もし、顧客が一人だけならば売上は限定的なので、常に顧客の数を増やしていかなくてはいけません。しかし、新しい顧客が来て購入したとしても、一回しか購入しないのであればやはり売上は上がり

ません。継続的に売上を上げていくためには、常に新しい顧客をひきつけ、さらに使い続ける理由をきちんと理解してもらうことが必要です。さらには、購入量や購入回数を増やしてもらうような提案や商品開発なども必要になってくるでしょう。

▶ 量を増やしていく方法とは 図表05-4

◯ つまり、売上の構成要素は分解すると4つに分けられる

以上のように、量を3つの要素に分けることができるため、売上の構成要素はすなわち、「単価」「客数」「個数」「頻度」の4つとなります。そしてそれぞれが売上に影響しあいます。例えば単純に単価を上げただけでは客数が減るかもしれませんが、何倍もの単価が付けられるブランド力があれば逆に売上は増えていくかもし

れません。一方、単価を下げれば売上は下がりますが、個数が増える可能性があります。
そして、この4つの要素の基本前提に加えて、実際に売上を上げるには流通や配荷など消費者が「買うことができる」環境づくりなど、複数の要因が絡み合っていることも覚えておきましょう。

▶ 売上に関わる4つの要素 図表05-5

◯ マーケティングに着目する重要性

「売上を上げていく」と考えると、「商品を売ること（セールス、販売）」を真っ先に考える人も多いかもしれません。では、セールスとマーケティングはどこが違うのでしょうか。

セールスとは顧客に対して商品を提示し、さまざまなアプローチを行いながら最終的に売買契約を締結することです。セールスの場合も、顧客のニーズを把握し、商品の特徴やメリットを的確に伝えながら、顧客の理解と満足を得ていく必要があります。しかし、顧客に対してセールスのアプローチを常に続けるのではなく、顧客のほうから自ら進んで購入するような「売れる仕組み」を作ることができれば、長期的により大きな売上を作ることができます。

マーケティングの世界で巨匠と呼ばれるドラッカー教授は『マネジメント【エッセンシャル版】』（ダイヤモンド社）の中で、「マーケティングの理想は、販売を不要にすることである」と述べています。売上に関わる要素は多岐にわたります。商品そのものの魅力はもちろんのこと、ブランドの知名度、広告、商品のネーミング、パッケージデザインなども売上に関わる要素です。マーケティングはその要素を分解して再構成し「売れる仕組み」を作っていくことでもあるのです。

▶ マーケティングとセールスの領域 図表05-6

デジタルマーケティングとは、デジタルデバイスを通じた消費者への情報提供、コミュニケーション、取得したデータの活用など、デジタルならではの特性を生かしながら「売れる仕組み」を作っていくことです。

Lesson ［マーケティングの課題］

06 「消費者が買わない理由」を 考えることからはじめよう

このレッスンの
ポイント

Lesson 05では「売上」を構成する要素を分解して理解しました。しかしそれだけでは消費者は、なかなかものを買ってはくれません。そこで、**消費者が買わない主要な3つの理由**について理解しておく必要があります。

○ 買わない理由1：「商品を知らない」

買わない理由の最も大きなものは「商品を知らない」ことです。皆さんは、ハイテク製品や日用雑貨など、年間にどのくらい新商品が発売されているのかを知っていますか？　例えばスマートフォンは半期ごとに5〜10機種ほど発売され、主要会社だけでも年間30〜60機種が発売されます。また、ビール会社4社では、ビール類新商品は年間100種類程度となっており、それ以外にも地ビールや限定ビールなども数多く存在しています。

企業では企画開発の段階から、過去の商品や競合企業の商品、マーケットを徹底的に調査研究した上で製造販売を行っていますが、消費者からみれば、自分の興味のある商品やカテゴリー以外についての知識はあまり持っていません。次から次へと新製品が出ては消えていくマーケットでは、ほとんどの商品の名前も特徴も、消費者には存在にすら気が付いてもらえないままなのです。

▶ 知らないから買わない 図表06-1

評判を知らない商品は買わないよ

種類が多すぎて何を買えばいいのか……？

消費者

「商品が知られていない」ということがまずは課題になるでしょう。

● 買わない理由2:「商品に魅力を感じない」

ブランドや商品名が消費者に認知されていたとしても、品質や機能、特徴や信頼性まできちんと伝わっているでしょうか。消費者が特定の商品を購入するのには、必ず理由があるのです。例えば、衣類用洗剤なら「子供の体育着の汚れが酷い」「おしゃれ着をよりきれいに仕上げたい」「梅雨時期の洗濯物の匂いが気になる」など

の問題意識が商品の選択基準につながっています。それに対し消費者にとってわかりやすい方法で問題解決を提案できなれば、商品は選んでもらえないのです。また、品質や機能的以外にも「これを買ったのだ」と消費者自身が満足できるように、ブランドや商品名などを魅力的であると感じてもらう必要もあります。

▶ 魅力を感じないから買わない 図表06-2

何が特徴なの? 私の悩みを解決してくれるの?

どんな商品かよくわからないから、いらない

消費者

● 買わない理由3:「評判が悪かったり、わからない」

最近では一般的な価格の何倍もする商品がSNSで評判になり大ヒットすることも珍しくありません。これは、普通なら見向くことはない高価なものに評判から興味を持ち、さまざまなクチコミを通じて商品理解が進んだことで消費者が、これまでと異なる基準で商品に価値を見出すケースです。

逆に評判が悪いもの、評判がわからないものは売れません。皆さんも、自分なりにいろいろと調べて購入しようと思った商品であっても、悪い評判をSNSで見かけて急に買う気がなくなってしまったことがあるのではないでしょうか。

▶ 評判が悪いから買わない 図表06-3

★☆☆☆☆
3日で壊れました。おすすめしません。
投稿者：カスタマー
旧商品を愛用していたのでそろそろ新製品にと思い買い換えましたが、3日で壊れました。原産国が変わったのが原因でしょうか。仕上げも悪く、ネットの写真より安っぽく見えました。

★★★★★
デザイン、性能、値段どれをとっても最高です。
投稿者：カスタマー
つけてみると驚くほど軽く、シンプルなデザインでどんな服にも似合うのが気に入っています。時計は一度も遅れたことはなく、これで電池交換も要らないので本当に助かります。

Lesson 07 ［マーケティングの解決策］ 「消費者が買わない理由」を なくす方法を考えよう

このレッスンの ポイント

Lesson 06では、売上が上がらない理由として、商品が買われない3つの主要因を説明しました。次に、買わない理由をどうやって取り除くのか、マーケティングにおける典型的な取り組み方を順番に解説していきます。

◯ 3つの要因を課題に落とし込み、解決策を考えてみよう

消費者が商品を「買わない」主な理由を3つあげました。「買わない理由」を言い換えれば、現状課題です。理由を深掘りしていくと、大抵はこの3つのどれかに落とし込むことができます。マーケティングの基本は、売ろうとする商品やサービスにどんな課題があるかをはっきりさせ、その課題解決を行うことです。

▶ マーケティング課題の先にあるゴールは？ 図表07-1

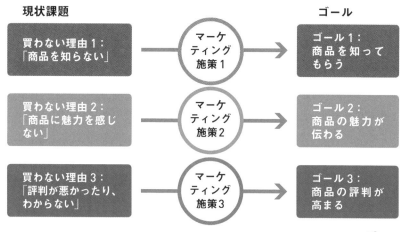

デジタルに限らず、マーケティングでは「売れない理由」を見極め、その課題を解決する定石を知っておく必要があります。

● 商品を知ってもらうためにすることとは

「あまり知られていない商品」を「みんなが知っている商品」にするには、広告やプロモーション活動の展開を行うのが基本です。

しかし、知る必要のない人、商品を知ったとしても買う可能性が低い人に広告を見てもらっても広告の効果は大きくはありません。商品を買いそうな人に広告を見てもらうために、広告手法や掲載場所を見直す必要があります。

▶「商品を知ってもらう」解決策 図表07-2

マーケティング施策

● 商品の魅力を伝えるためにすることとは

商品を販売しようとするとき、消費者のニーズに合致した特徴や魅力を丁寧に伝える必要があります。「商品を知ってもらう」のはあくまで第一段階で、商品の名前や存在を知った人に向け、「これこそ、私が欲しい商品だ」と気づきを与えるような働きかけをしていきます。

広告を出しているのに商品が売れていないという場合は、企業側が訴えている商品の特徴や魅力が消費者にうまく伝わっていません。または、消費者のニーズからずれていて、「知りたいのはそこじゃない」と思われているのです。

解決策としては、まず消費者のニーズを正しく理解することからやり直します。そのうえで、ニーズに沿って魅力が伝わる手法を検討し、求められている情報を提供します。例えば、商品によって生活がどう向上するを示す生活提案型のアプローチなどは、その典型例です。

▶「魅力を伝える」解決策 図表07-3

マーケティング施策

● 消費者の評判を高めるためにすることとは

どんなに優良企業であっても、消費者はまったく聞いたことがない企業の商品については、信頼していいのかどうか判断できず、購買に消極的になります。また、世間の評判が悪ければ購入が妨げられます。そこでの課題解決は、商品やブランドの評判を高めることです。

世の中の評判というものはなかなかコントロールできません。しかし、自然発生的な評判や評価を待つばかりでは、常に受け身の状態となってしまいます。したがって、企業の発信する情報が正しく広まっていく仕組みを作り、メッセージを送り続けることが必要です。

さらに、商品の魅力を伝える施策の一環として、自社の顧客の声を吸い上げて、購入を検討している人に対して提供することも有益です。また、ユーザーの声を聞くことは、商品開発やサービスの向上につながるヒントになり得ます。

▶「評判を高める」解決策 図表07-4

● 課題を解決するための手段が「マーケティング施策」

現状に何らかの課題があり、その課題を解決するには、これまでの方針を変更したり、提供する情報の内容を見直すといった、何らかのアクションを行う必要があります。

このアクションのことを総じて「施策」といいます。マーケティング施策は、現状課題をゴールへ導くための「手段」といえます。やみくもにマーケティングを行うのではなく、ゴールに対応する正しい手段をとってこそ、ゴールに導かれるのです。

▶ マーケティング施策とは 図表07-5

● 課題解決にデジタル領域が大きく関わる時代

2000年代までのマーケティングといえば、多くの企業でマスメディアを使った宣伝や店頭キャンペーン、営業担当者の対面や電話を使った販売などを行っており、どの施策もアナログなものでした。

しかしデジタル時代には、商品情報の提供はもちろんのこと、比較検討段階から実際に購入に至るまですべてをデジタルで完了するケースが増えています。

課題解決の手法もデジタル化が進み、ダイレクトメールは減りメルマガが増えたり、友達紹介キャンペーンは電話を使わず、スマートフォンアプリに変わっています。「デジタルのほうが解決のために使える有効な情報があるから」「コストが低いから」といった理由もありますが、なにより買ってほしい消費者が次第にデジタルの場に多くシフトしているから、ということも大きな理由です。

マーケティングの課題は、決してデジタルだけで解決できるわけではありませんが、課題解決のためにふさわしいツール・手段としてデジタルを活用するケースは増えています。

いきなり多くの課題に取り組むのではなく、まずはこのレッスンの3つのポイントに絞って、身近なところの振り返りからはじめます。

👍 ワンポイント　3C分析やSWOT分析から始めなくてもいいの？

多くのマーケティング戦略の教本を読むと、まず自社のおかれている環境を理解するために、顧客（Customer）、競合の企業や商品（Competitor）、自社や自社商品（Company）を分析する「3C分析」や、自社の強みや弱みを理解する「SWOT分析」などのフレームワークを通して戦略を立てる方法が紹介されています。ただしそうしたフレームワークは経営管理などの領域までを含むことも多く、また資料収集や調査分析にかかる時間やコストも問題になってくるでしょう。本書では皆さんがWeb担当者やデジタルマーケティング担当者の一人として業務に取り組むという前提のもと、まず直面する身近な課題から実践を進める中で、それぞれの理解を深めていくことをおすすめします。

[トリプルメディアマーケティング]

トリプルメディアの概念を ヒントに課題を整理しよう

このレッスンの ポイント

ここまでに、売上を3つの課題に分けてその解決の考え方を見てきました。本書では「トリプルメディア」の考え方からヒントを得つつ、デジタルマーケティングにおける解決施策の方針を考えていきます。

⬤ トリプルメディアの考え方

「トリプルメディア」とは、デジタルマーケティング時代に新しく生まれてきた考え方で、消費者が接触するメディアを3つに分類したものです。1つ目は、有料で広告を出稿する「ペイドメディア」です。2つ目は自社で運営管理をする「オウンドメディア」、そして3つ目は消費者とのコミュニケーションを通じて評判を得ていく「アーンドメディア」です。アーンド（earned）とは評判を獲得するという

意味です。

トリプルメディアの分類は、Lesson 07で示した3つの課題解決策と大まかに対応しています 図表08-1 。ペイドメディアを「有料のネット広告」、オウンドメディアを「企業がコンテンツやサービスを提供するWebサイト」、アーンドメディアを「ユーザーが参加するソーシャルメディア」と考えると、課題解決の糸口が見つけやすいでしょう。

▶ 3つのデジタルメディアの分類 図表08-1

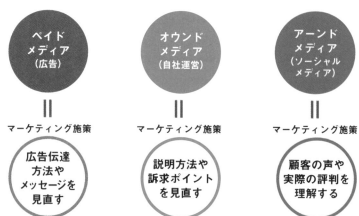

● ペイドメディア：有料でネット広告を掲載する

ペイドメディアの一例がインターネット広告（ネット広告）です。ネット広告は人が多く集まるWebサイトの目につきやすい場所に広告エリアを設け、商品やサービスの広告を画像やテキストで掲載するものです。代表例に、Yahoo! JAPANのようなポータルサイト、日経電子版や朝日新聞デジタルなどの新聞系メディアなどがあります。それらのメディアを好む読者に向け広告を掲載することで、企業からのメッセージをより多くの読者に伝

えられるのがペイドメディアのメリットです。

一方、Googleなどの検索エンジンも、検索結果に有料広告を表示できる「リスティング広告」を提供している場合はペイドメディアといえます。FacebookやTwitterといったソーシャルメディアや、LINEのようなコミュニケーションプラットフォームでも、広告を出稿できるスペースが用意されています。

▶ 各メディアに用意されている広告スペース 図表08-2

Yahoo! JAPANのトップページに掲載されたディスプレイ広告。
http://yahoo.co.jp

Googleに掲載されたリスティング広告。
http://google.co.jp

Webサイトの役割は日々多様化していますが、トリプルメディアの概念は基本として押さえておきましょう。

● オウンドメディア：自社でWebサイトなどを運営する

オウンドメディアは、大きく捉えると企業自身が保有（オウン）し、自らの情報を提供できる Webサイトを指します。自社で運営している企業サイトをはじめ、商品ブランドごとのサイトや商品を直販する自社ECサイト、商品に関わる生活情報を提供するコンテンツサイトなどさまざまなものがあります。

オウンドメディアの最大のメリットは、自社の戦略に合わせて、製品や自社サービスに関する情報を用意し、それをダイレクトに顧客へ提供できることです。

近年では、自社ECサイトやECプラットフォームを積極的に利用し、認知・理解に留まらず、売上を伸ばしていこうと考える企業も増えてきています。

▶ **コーポレートサイトの例** 図表08-3

株式会社5のコーポレートサイト（自社サイト）。最も基本的なオウンドメディアのひとつであり、企業概要、事業・サービスの説明、などが記載されている。
https://www.5inc.jp/

● アーンドメディア：評判を得るソーシャルメディア

アーンドメディアとは、企業が消費者からのさまざまな評判や信頼を得る（earn）場所です。代表例であるソーシャルメディアは、消費者が自由に発言し情報をシェアすることでコミュニケーションするプラットフォームです。 もともとUGM（User Generated Media）と呼ばれて、ユ

ーザー自身の書き込みやコンテンツがサービスの主となるものとして生まれました。定番のソーシャルメディアとして、Twitter、Facebook、Instagramなどが挙げられます。消費者が情報発信者となるため、企業の側から情報をコントロールすることが非常に難しいメディアです。

> ソーシャルメディアは、企業にとっては世の中のトレンドや評判といった消費者の生の声を収集できる貴重な場所でもあります。

● トリプルメディアの概念を施策に活用しよう

トリプルメディアが、実際の課題解決にどう対応するかを整理しましょう。

ネット広告などのペイドメディアは、企業ブランドや商品認知の向上が得意です。広告枠を提供しているメディアは多くの読者を抱えているために影響力も大きく、告知する内容についても時期や対象者などの範囲を自由に計画できます。ブランドや商品名を多くの消費者に伝えていくには、多くの読者を持つペイドメディアのパワーを借りて告知することが近道です。

自社で運営を行うオウンドメディアは、より詳しく企業や商品について情報提供を行うことが得意です。消費者は、わからないことや知りたいことがあればネットを使って調べようとするので、消費者が情報を欲しがっているときに、オウンドメディアを通じて商品情報を提供していけば、商品の特徴や魅力をより深く理解してもらいやすくなります。

そして、ソーシャルメディアは、自然に行われている消費者同士のコミュニケーションに直接触れられるメディアです。その中にはポジティブな情報もネガティブな情報もありますが、しっかりとソーシャルメディアに向き合った施策を実施することで、消費者のブランドや商品への理解を深めていきながら、評価や評判、ブランドイメージの浸透や向上を目指したアプローチを行いましょう。

▶ トリプルメディアを活用した施策領域の整理 図表08-4

魅力を伝えるメディア

オウンドメディア

- コーポレートサイト
- ブランドサイト
- コンテンツマーケティングサイト
- ECサイト
など

認知を上げるメディア

ネット広告

- バナー広告
- 動画広告
- リスティング広告
- タイアップ広告
- ネイティブ広告
など

評判を上げるメディア

ソーシャルメディア

- いいね！
- シェア、おすすめ
- レビュー
など

また、スマートフォンアプリを活用する企業も増えています。アプリも広く捉えるとオウンドメディアのひとつであるといえます。

[トリプルメディアの活用]

09 3つのメディアの特性を理解して解決方法を選んでいこう

このレッスンの
ポイント

次章からは、Lesson 08で説明したトリプルメディアの概念を参考に、課題解決方法と業務全体についての話を進めていきます。どの課題にトリプルメディアのどの施策が向いているのか、最適な手法を選択していきましょう。

○ ネット広告は、成果を出すために入念な準備が必要

ここではネット広告、オウンドメディア、ソーシャルメディアの3つのメディアの特性を理解して、どのように施策に取り組んでいくかを考えてみましょう 図表09-1。まずネット広告は、多くの消費者に企業からのメッセージを伝えていくことが得意で、影響力も大きく即効性も高い施策です。その反面、十分な影響力を確保するためには相応の費用が必要になってきます。また、金銭面だけでなく、広告出

稿計画の立案や広告制作の進行管理など、事前の準備に関連部署や協力会社のサポートも必要となり、いつでも気軽に利用するというわけにはいきません。その点、オウンドメディアは自社で運営管理をするメディアですから、知名度の向上や売上規模の拡大に即効性は期待できませんが、社内での対応が中心となるので比較的柔軟に施策を進めやすいといえるでしょう。

▶ 3つのメディアカテゴリーの特性 図表09-1

メディア	特徴	予算による解決	情報発信	効果
ネット広告	メディアを経由して情報発信。予算でブーストが可能	できる	できる	即効的
オウンドメディア	自社だけで情報発信ができる。外注協力会社に依頼するケースが多数	できる	自社でできる	持続的
ソーシャルメディア	消費者による情報発信。基本的にはコントロール不可能	できない	難しい	持続的

● まずはオウンドメディアから取り組もう

3つのメディアのうち、最初に手を付けるべきはオウンドメディアです。自社で内容やスケジュールをコントロールできる分、取り組みがしやすく、自社コンテンツゆえの情報の扱いやすさがあるためです。もうひとつの理由としては、消費者が企業や商品の情報を得る場所として最も期待し信頼するところは、商品やサービスを提供している企業であり、そのオリジナルの情報源であるオウンドメディアだからです。このため、最初に整えるのはこの部分であるべきなのです。

マーケティング施策として、マーケットから見て最も目立つのはネット広告やテレビCMかもしれません。しかし、広告プロモーションを優先して行い、消費者をオウンドメディアに誘引しても、オウンドメディアのコンテンツが消費者の期待にそぐわないレベルのものであれば、逆にブランドや商品のイメージを損ないます。さらに期待にそぐわない内容がソーシャルメディアで拡散してしまうと、ブランドへのダメージは測りきれません。

したがって、まずはオウンドメディアの充実を第一に考え、コンテンツの質を高めてから広告プロモーションで集客を図り、マーケットシェア拡大を狙うという流れが大切です。

● ソーシャルメディアへの取り組み方

ソーシャルメディアは本来消費者の自由な発言や情報交換がベースとなっているので、企業側の主導によって話題作りや評価の広がりをコントロールすることは難しいものです。話題になろうとして数多くの情報をソーシャルメディアに流したとしても、その情報を消費者が拡散してくれる保証もありません。ブランドイメージや評判・評価というものは、一朝一夕にでき上がるものではありません。ネット広告施策やオウンドメディアの施策を進めていきながら、相互作用としてじわじわと消費者の評判を把握し、ブランドイメージを向上させていくことを考えておく必要があるでしょう。そのためには、まず正しい情報が伝わる仕組みを作り、同時にソーシャルメディアで何が話題になっているのかを知るソーシャルリスニング（Lesson 41参照）、ソーシャルメディアの広告枠の活用などにも取り組んでいきましょう。

> トリプルメディアをうまく使い分けて、マーケティング課題を解決します。次ページで、各レッスンで扱う内容をまとめています！

NEXT PAGE → | **035**

◯ 今後のレッスンの進め方について

本書の全体は、今まで見てきたようにトリプルメディアの概念に沿いつつ、実際の施策に向かいやすいように変化を加えながら構成しています。最も取り組みやすく消費者の商品やブランドの理解につながりやすいオウンドメディア（Chapter 2）、予算が必要だがコントロール可能で効果が見えやすいネット広告（Chapter 3）、コントロールは難しいが長期的には重要なソーシャルメディア（Chapter 4）の順に解説し、それぞれのChapterではマーケティングの基本的なフレームワークや、

企業が直面する課題とその打開法を説明します。それぞれのメディアに対して取り組む基本的な考え方を学んでおけば、事例研究を通じて、自社の課題解決に向けた施策立案を進められるようになるでしょう。

さらにChapter 5、6では、これらの施策の精度をさらに高めるために、消費者インサイトを探るための消費行動とプランニング手法を解説します。本書の全体を通じて、「デジタルマーケティング」の仕事のポイントが理解できるでしょう。

▶ 本書の学習フロー 図表09-2

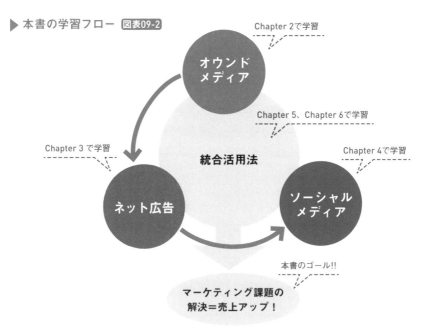

デジタルマーケティングで学ぶべき内容は多岐にわたっています。しかし、基本的なことはリアルもデジタルも変わりません。ひとつひとつ理解していきましょう。

Chapter

2

オウンドメディアを
正しく運営しよう

トリプルメディアのうち、ま
ずはオウンドメディアへの取
り組みについて解説します。
自社Webサイト運営の注意点
や、担当者に必要な技術的な
知識にも簡単に触れます。

Lesson ［オウンドメディアの目的］

10 企業オウンドメディアの役割と運営目的を再確認しよう

このレッスンの
ポイント

オウンドメディアとは、自社で所有するメディアです。公式サイトやECサイト、スペシャルサイトなどのWebサイトが含まれます。ここでは、自社サイトを含めたオウンドメディアの役割と運営目的を確認してみましょう。

○ デジタルマーケティングにおけるオウンドメディアの役割

企業が所有するWebサイトにもいろいろな種類がありますが、広い意味では、企業が自社で運営するWebサイトをすべてひっくるめて「オウンドメディア」ということができます。

昨今、消費者は企業に対して多くの情報や役割を求めています。そのすべての要望をひとつのWebサイトでまかなうのは無理があるでしょう。オウンドメディアの役割を、消費者のニーズに応えながら

企業や商品の特徴や魅力を伝えていくことと考えると、ニーズに合わせてWebサイトを変えていくほうが、消費者の満足度をより高めることは間違いありません。企業都合による情報提供といった考え方ではなく、消費者のニーズに応じた情報を提供するメディアとして自社サイトのあり方を考えていくことが、「オウンドメディア」のありかたなのだといえます。

▶ 消費者ニーズや目的に応じるためのオウンドメディア戦略 図表10-1

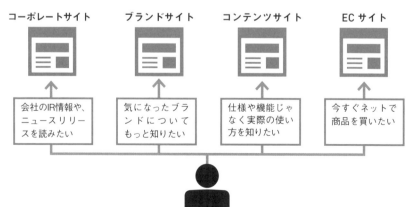

コーポレートサイト ブランドサイト コンテンツサイト EC サイト

会社のIR情報や、ニュースリリースを読みたい / 気になったブランドについてもっと知りたい / 仕様や機能じゃなく実際の使い方を知りたい / 今すぐネットで商品を買いたい

消費者

● 本書が取り扱うオウンドメディア

企業が所有するWebサイトは、いくつかのパターンに分類できます。まずは企業の事業内容やIR・ニュースリリースなどの情報を中心とした「コーポレートサイト」、商品の特徴やブランドイメージの訴求を目的とした「ブランドサイト」、商品に限らない生活情報やQ&A、顧客会員限定のサイトなど、情報提供を通じて消費者とコミュニケーションをする「コンテンツサイト」などがあげられます。

さらに自社所有のWebサイトには、商品の販売を目的とした「ECサイト」や、オンラインサービスの提供を行う「サービスサイト」などあるでしょう 図表10-2 。

本書では、消費者にさまざまな情報を通じて企業や商品の魅力を伝えていくという意味で、「コーポレートサイト」「ブランドサイト」「コンテンツサイト」を合わせた狭義のオウンドメディアを取り扱います。

▶ オウンドメディアの広義と狭義 図表10-2

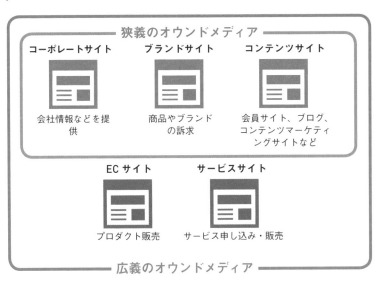

「オウンドメディア」は、広義には自社で所有しているものすべてを含みますが、本書では企業や商品の魅力を伝えていく3つを扱います。

11 自社のオウンドメディアを再点検しよう

このレッスンの
ポイント

オウンドメディアは企業の顔ともいえます。まず自社のオウンドメディアの再点検からはじめ、載せるべきコンテンツの精査や運用体制までを確認します。最も身近な「コーポレートサイト」の再点検から始めていきましょう。

◯ 自社サイトはきちんと更新されていますか？

皆さんは、自社でどのようなページが公開されているかを把握していますか？ オウンドメディアの施策を検討する場合には、まず自社でどんなWebサイトを所有しており、その運営目的や管轄している組織、どのような取り組みをしているのかをチェックしてみましょう。

企業の規模が大きくなると、それぞれの部門でサイトを管理運営することも多く、時には社内でサイトの内容が重複していたり、サイトを構築したものの更新なく放置されていたりするケースもあります。放置されたまま販売が終了した商品サイトや、商品の古い仕様情報が提供され続けているWebサイトは、マーケティングに悪影響を与えている場合があります。

▶ 社内に存在するサイトを整理する 図表11-1

広報部門

会社案内的なサイトを定期更新で企画運用中

人事部門

新卒の採用のために特化した大学生向けサイト

事業開発部門

ブランド立ち上げ時に制作。更新はストップ

営業部門

直販サイトを立ち上げたが売上はいまいち

役割がダブっているサイトはないかな？

更新されていないサイトは商品売上に悪影響だ

マーケターの目

● サイトの役割を整理するポイントとは

オウンドメディアを有効に活用するために、それぞれのサイトの役割やKPIを整理し直しましょう。例えば、以下のようなマトリクスを作って既存サイトのポジショニングを行ってみる方法があります 図表11-2 。「企業の情報」か「商品の情報」かの軸と、企業の「理念やポリシー」か実際の「技術やノウハウ」かの軸を縦横に置き、どの情報を提供するのか、すでにあるサイトをポジショニングします。さらに、サイト閲覧後に消費者のどのようなアクションを期待しているのかを考えます。

こうして自社の運営するサイトをあらためて整理すると、現状のコーポレートサイトが果たしている役割や位置づけが明確になるでしょう。

▶ コーポレートサイトの提供している情報から目的を再整理する 図表11-2

ノウハウ・知識

商品の情報

情報： 商品の導入先やコラボレーション事例など具体的な導入ケースを紹介

目的： 直接的な取引やリード（見込み客）獲得

情報： 情報企業の持つ技術力やソリューション開発力、販売網などを紹介

目的： 直接的な取引やリード（見込み客）獲得

企業の情報

情報： 商品開発の背後にある理念を開発ストーリーなどを紹介

目的： 顧客との長期的な取引やマーケットに対しての信頼感の熟成

情報： IR・リリースなどを中心に企業経営に関する理念やポリシーを紹介

目的： 株主対応やマーケットに対しての間接的なブランド訴求

理念・ポリシー

> サイトの目的が直接的な取引の獲得なのか、長期的なブランド訴求や信頼感の醸成なのかによって、提供すべき情報の種類も変わってきます。

ポジショニングマップで他企業サイトも研究してみる

競合にあたる企業のサイトも同時に研究して、自社と比較してみましょう。前ページと同様のマトリクスにマッピングしてみて、サイトデザインやコンテンツから目的や想定している顧客を推測し、自社の状況と比較をしてみます。コーポレートサイト以外にもコンテンツサイトなどのオウンドメディアがあれば、それらも同様に落とし込んでみると競合各社がどのような戦略でオウンドメディアに向き合っているのかを確認することができます。

▶ 他社サイトとの比較例 図表11-3

他社サイトを分析することで自社の強みや欠けている点に気づける

Chapter 2　オウンドメディアを正しく運営しよう

ノウハウ・知識

A 社：コンテンツサイト
商品に関わる How To や Tips 的な知識を数多く紹介。直接の商品につながっている情報ではないが、間接的にイメージアップを狙っていると考えられる

A 社：コーポレートサイト
情報よりイメージ重視。商品ラインナップより、技術を重視している姿勢や研究内容を押し出している。
単一企業のサイトというよりもグループ企業全体のサイトという印象を強く押し出している

商品の情報

企業の情報

B 社：コーポレートサイト
会社案内的な要素は非常に少なく、事業部ごとに独立した内容となっている。全体のイメージは統一されているが、それぞれの商品紹介にとどまっており、事業間の開発連携はあまり感じられない

C 社：コーポレートサイト
会社案内的なサイト。IR/リリース情報を前面に押し出していて、見やすい。商品の紹介というよりも、企業理念やサービス開発の考え方などの訴求が多く、株主向けといえる

理念・ポリシー

運用の指標を設定して改善する

各種のオウンドメディアは、目的や運営指標を設定して運用改善を行うことで、運営効果を最大化できます。コーポレートサイトは売上に直結しないと考えてしまい、指標が明確ではないケースも多々見受けられますが、実際にはコーポレートサイトも、「全体のアクセス数」「サイト経由の問い合わせ数」「リリースのダウンロード数」「ページ滞在時間」などの指標を用いて運用・改善をすべきです。

運用面	☑ **自社で運営しているサイトをすべて把握しているか？** 各サイト名やドメイン名などをすべてリスト化し、運用責任部門を含めて共有する ☑ **それぞれのサイトの運用目的は明確になっているか？** ブランド訴求、商品情報提供、販売、問い合わせ対応など、サイト運用の目的を確認し、目的に沿った運用のあり方を再考する ☑ **運営に関する指標は明確になっているか？** 各サイトの目的に合わせた指標を検討し、明確な運用指標を定めておく（アクセス数、問い合わせ数、電話のコール数、サイト経由の売上など） ☑ **レポートラインは明確になっているか？** Web担当者（兼務、専任）→所属上長→本部長など、連絡系統を明確化し、報告頻度を定めておく ☑ **サイトの社内外における評価は把握できているか？** ヒアリングやレポートを通じて、社内外の評価（顧客・販売店を含む）の評価を把握できる体制を検討する
コンテンツ・デザイン面	☑ **ページやコンテンツごとにデザインの統一感はあるか？** デザイン選定のフロー、コーポレートアイデンティティ（CI）基準の有無などを確認し、統一ルールの検討を行う ☑ **内容のチェック体制は明確になっているか？** コンテンツの内容の真偽、法令違反などの確認体制がない場合には、サイト制作フローの中に盛り込むことを検討する ☑ **コンテンツ公開のフローや体制は明確になっているか？** 社内における部門承認フローや、公開にあたっての最終承認に関するフローやルールの確認を行う
システム・セキュリティー面	☑ **セキュリティー対策についての対応部門が明確になっているか？** 管理部門の明確化をはじめ、各ソフトウェアのバージョン管理、暗号化対策、ログ管理などの視点から現状のセキュリティー対応をまとめておく ☑ **顧客の個人情報に関する管理体制はできているか？** 取得の有無にかかわらず、個人情報に関する管理部門を指定し、取り扱い方針（ポリシー）をサイトで公開する。必要に応じてプライバシーマーク取得の検討も行う ☑ **エマージェンシー対応フローはできているか？** サイトへの不正アクセスの連絡フロー、炎上時などの対策マニュアルがない場合には、体制の整備を早急に行う

> このチェックリストで、サイトの目的と内容は合致しているのか、あらためて押さえておきましょう。これが、今後のサイト改善のベースとなります。

Lesson 12 ［オウンドメディアと対象と目的］

自社サイトの対象読者を想定し目的に最適化した発信を行おう

このレッスンの
ポイント

自社サイトの状況を把握したら、自社の課題や方針、目的、顧客の情報ニーズによってどのようなサイトが自社に適しているのかを検討していきましょう。その際に重要なのは、「誰のために何を提供するのか」を明確にすることです。

○「顧客志向」で情報の提供方法を変える

ひとつのサイトの中に、発信する情報や機能をすべて入れ込もうとしても、あまり良い結果を生みません。サイトを訪問する人にはそれぞれの目的があるので、それらのすべての目的に合わせて最適化することは難しいからです。

例えば、株主や投資家が期待する情報と、就活生が調べたい情報ではおのずと内容は異なります。前者の場合には、IR情報や事業概況、後者の場合にはどのような仕事をしているのか、会社の雰囲気はどうなのかといったことを知りたいと考えるでしょう。

そのため、同じ企業から発信する情報であっても、提供する相手に合わせてサイトを分けたり、内容や伝え方を変えたりするほうが、顧客サイドに立った考え方であるといえます。

▶ 対象者に合わせた情報提供サイトの分類 図表12-1

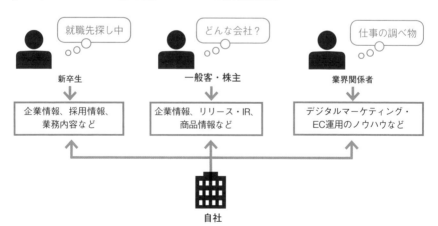

● 目的と対象者に沿ってサイトの役割を整理する

適切に情報を提供するために、情報を求めている人をカテゴライズして情報提供の内容や方法を整理してみましょう。

例えば、サイト訪問ニーズの高い層を大きく3つに分類し、一般顧客や投資家向けのコーポレートサイト、新卒向けのリクルーティングサイト、自社で販売している商品に関する情報提供サイトの3つを運営する 図表12-2 といった方法があります。

▶ オウンドメディアの展開例 図表12-2

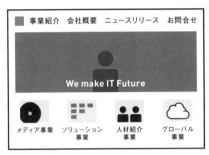

①企業サイト

企業概要、事業内容や取扱商品やソリューションの紹介、新規問い合 わせ対応をはじめ、各種ニュースリリースの提供を主目的としたサイト。サイト訪問者は、新規・既存の取引先や投資家など多岐にわたる。

②リクルーティングサイト

新卒、中途採用に特化したサイト。企業から希望者に向けたメッセージや具体的な仕事内容、より詳細な応募要項、エントリフォーム、スケジュール、採用についてのQ&Aなどを掲載。大学生や転職希望者に向けた情報に特化。

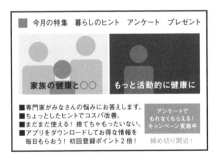

③製品やキャンペーンに関する情報提供サイト

既存の顧客や見込み客向けに、製品に関する最新情報、活用方法や導入事例などを提供。BtoC企業では生活に関する悩み解決やTips紹介を目的としたり、BtoB企業では具体的なリード獲得を目的とする場合がある。

相手のニーズに合わせてサイトを切り分けることは、情報を伝えやすくするために大切なことです。

Lesson 13 [Webサイトの利用目的]

消費者はいつWebサイトを見に行くかを知っておこう

このレッスンの
ポイント

消費者は、どういうときに企業のWebサイトを訪問するのかを考えてみましょう。消費者はわからないことがあったとき、その場で情報を探そうとします。このことから、Webサイトに求められているものを考えてみましょう。

◯ 気になったことがあるとすぐにWebで調べてみる

消費者のインターネットの利用目的は、コミュニケーションやエンターテインメントのコンテンツ、そして情報の入手です。オウンドメディア活用ではこれらの消費者ニーズに企業としてどう応えていくかが重要で、特に消費者の情報収集目的に対して的確に応えることが求められています。アドビの調べでは、テレビや新聞

雑誌で知ったことでも、さらにWebサイトで調べると答える人の割合が多く、改めて情報を確認したり、より詳しい情報を調べたりする際にはWebサイトが活用されていることがわかります 図表13-1 。さらには、店頭で見た商品についても、スマートフォンを使ってその場で調べるという傾向が増えてきています。

▶ 知った情報をWebで調べる 図表13-1

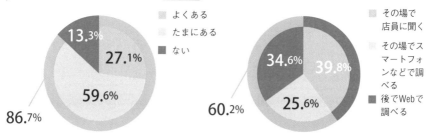

よくある
たまにある
ない

13.3%
27.1%
59.6%
86.7%

その場で店員に聞く
その場でスマートフォンなどで調べる
後でWebで調べる

34.6%
39.8%
25.6%
60.2%

テレビ、新聞、雑誌で見たことを後からインターネットで検索して調べたことがあるかどうかについて、86.7%が「ある」と答えている。

「店頭で見たものをWebで調べる」と答えた60.2%のうち、「その場でスマホで調べる」と答えた率は調査の1年前比較で10ポイント伸びた。

出典：アドビ「消費者行動調査2016：デジタルメディア時代の消費者行動を読み解く」
https://www.adobe.com/jp/information/unite/b/2016/03/02.html

◯ 調べても見つからないと、興味を失ってしまう

実際にいろいろなサイトを探して回ったところ調べた情報がなかった場合、あるいは探していた商品が見つからない、売り切れだった場合に消費者はどう思うでしょうか。同調査によると、実に6割以上の消費者が、「調べるのをやめる」「商品購入をやめる」など行動を中断すると答えています 図表13-2 。つまり、サイトを運営する企業からすれば、情報を探している顧客に対して的確な情報を提供できなかった場合、それは検討や行動を阻害する体験につながり、結果として顧客を失ってしまう結果につながるのだといえるでしょう。

▶ Webサイトに問題があると…… 図表13-2

商品の購入または情報収集のいずれかを中断

62.6%

出典：アドビ「消費者行動調査2016：デジタルメディア時代の消費者行動を読み解く」
https://www.adobe.com/jp/information/unite/b/2016/03/02.html

Web サイトの不備は重大な機会損失になります。

◯ Webサイトは消費者の情報ニーズに応える場所

オウンドメディアの重要な役割は、消費者のニーズや欲求にきちんと応え、企業が公開できる情報やサービスを使い勝手良く提供することです。たとえ消費者のニーズが小さくても、そのひとつひとつに応え続けていくことが「消費者の満足度を高めること」(ブランドエクスペリエンス)、「企業活動の一環としての価値提供」(ブランドプロミス)につながります 図表13-3 。このようなブランド価値に関わる仕事は「ここまでやれば完了」といったような、終わりがない業務です。

▶ 顧客満足度と企業価値向上のサイクル 図表13-3

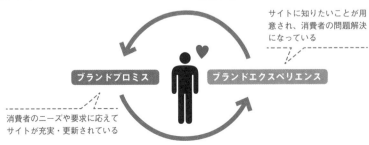

サイトに知りたいことが用意され、消費者の問題解決になっている

ブランドプロミス　ブランドエクスペリエンス

消費者のニーズや要求に応えてサイトが充実・更新されている

Lesson ［Webサイトの制作フロー］

14 Web担当者として知っておきたい サイト企画のワークフロー

このレッスンの
ポイント

実際にWebサイトを企画・運営していくためには、多くの専門部署の協力や、外部の制作会社のサポートも必要となります。ここでは、どのような手順で企画を進めていくのかを理解しましょう。

◯ Web担当者が行うべきWebサイト企画の7つのステップ

ここでは、社内Web担当者がWebの実制作を依頼する前にまずやるべきことを解説します。Webコンテンツの企画は、サイトオーナー（自社）が、「何のためにどのようなコンテンツを提供するか」といったオウンドメディアの役割を明確にした上で決める必要があります。制作会社に丸投げするのではなく、ビジネス戦略

の一部と捉えて取り組むべきです。
以下に紹介する7つのステップは、サイトを一から構築するときばかりではなく、既存サイトの一部改訂やリニューアルの際も役に立ちます 図表14-1 。サイトの企画や目的に合わせて段階を追って進めていきましょう。

▶ Webサイト企画の検討手順とポイント 図表14-1

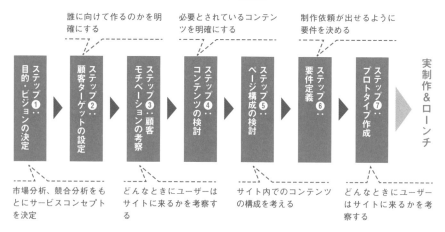

誰に向けて作るのかを明確にする

必要とされているコンテンツを明確にする

制作依頼が出せるように要件を決める

ステップ❶：目的・ビジョンの決定

ステップ❷：顧客ターゲットの設定

ステップ❸：顧客モチベーションの考察

ステップ❹：コンテンツの検討

ステップ❺：ページ構成の検討

ステップ❻：要件定義

ステップ❼：プロトタイプ作成

実制作＆ローンチ

市場分析、競合分析をもとにサービスコンセプトを決定

どんなときにユーザーはサイトに来るかを考察する

サイト内でのコンテンツの構成を考える

どんなときにユーザーはサイトに来るかを考察する

❶「目的・ビジョンの決定」で誰に向けて作るのか確認する

まず企業のミッションを確認し、Webサイトを通じて自社の顧客に対して何を提供するのかといった、サービスコンセプトの決定を行います。

ここで決めた目的やビジョンは、運営に関わるプロジェクトチーム全員の共通認識として強く意識することが大切です。続く各ステップで議論が分かれたときにも、立ち戻るポイントになります。

狙いがぶれないように
ビジョンを設定

❷ ぶれない「顧客ターゲット」の設定をする

Webサイトに来てほしい顧客像を具体的にイメージし、明文化します。「自社の商品を購入している顧客」や「商品に興味を持っている顧客」なのか、「自社の販売している商品カテゴリーには興味があるが企業についてはまだよく知らない顧客」なのかなど、具体的に設定します。

ターゲットの検討にあたっては、社内の他部署と協力し、「現在の顧客はどんな人か」、また、「どんな人たちがこれから顧客になってくれそうなのか／ほしいのか」「Webの情報をどのように活用してもらいたいのか」などをヒアリングしながら進めるといいでしょう。

他部署にもヒアリング

❸「顧客モチベーションの考察」で提供する内容を探る

ターゲット顧客が、いつWebでの情報を必要とするのかの考察を進めます。あらかじめ「ユーザーはどういうときにサイトに来るのか」というモチベーションを考察しておけば、どのようなコンテンツを用意すべきか、またどのようなページ構成にすればその情報にたどり着きやすいのか、といった判断が明確になります。

やってはいけないのは、自社で提供できる情報（商品情報、機能・仕様などのスペックや操作説明）だけを単に羅列することです。顧客の情報の探し方に合わせて提供するためには、ユーザビリティー（使いやすさ）の視点も重要です。

ユーザーの関
心・モチベー
ションがベース

NEXT PAGE ➡

❹ ターゲット顧客が求める「コンテンツの検討」

顧客ターゲットと顧客のモチベーションに合致したコンテンツを検討します。例えば、「自社の顧客は購入後の設置方法で悩むことが多いので説明を充実させたい」という課題があった場合、ビデオを作るのか、PDFファイルをダウンロードさせるのか、またはチャットでサポートするのかなど具体的なサービス提供方法を決定します。決定の際には、予算や社内優先順位、スケジュール、人材確保、技術面での実現可能性といった視点を踏まえながら議論を進めます。

小冊子ダウンロード

サポート

オンラインビデオ

❺ 「ページ構成の検討」で作るWebページを明確にする

コンテンツをどのようなカテゴリーに分け、どのようなページ建てにしていくのかを検討します。用意するコンテンツへのたどり着きやすさや探しやすさ（ファインダビリティ）という概念が重要です。この段階になってくると、数多くの制作実績と知見を持っている外部の制作会社に協力を仰ぐことも必要となってきます。

サイト構成書

❻ 「要件定義」でWebページが必要とする機能をまとめる

これまでに検討した内容を実現するために、どのような要件が必要かを定義していきます。Webデザインやコピーライティングの領域以外にも、商品検索機能、在庫管理との連携や決済機能、といったプログラミングが必要となる場合や、CMS（コンテンツマネジメントシステム）などを管理する要件も含まれます。

要件定義書

❼ 「プロトタイプ作成」で擬似的にWebサイトの内容を確認する

実際にどのようなサイトになるのかをチェックするため、デモ画面（プロトタイプ）を作成し、操作したときに問題が起きないかや、ターゲットユーザーが操作しやすいUI（ユーザーインターフェース）かを検討します。プロトタイプには、PowerPointなどで紙芝居風に画面を確認する方法や、専門のツールを使う方法などがあります。スマートフォン対応を優先させることが増えています。

プロトタイプ

○ 実制作からローンチに向けた注意点

プロトタイプによる実際の動きやページ遷移などの確認が終わり、社内の承認が下りたら、いよいよ実際の制作にとりかかります。この段階以降については、主にWeb制作の専門家の手を借りることになります。社内のWeb担当者は、制作スケジュールや上長、関連部署への確認事項についてしっかりと管理していくようにしましょう。制作期間や開発期間は、Webサイトに求める内容や機能によって予定外の時間が必要になることもあります 図表14-3 。

ローンチ（公開）にあたっては、優先順位と開発期間を考慮に入れながら、場合によって一次ローンチ、二次ローンチと段階的にローンチしていくことも検討しましょう。

また、企画立案から制作に至るまでの期間は、数カ月間という長期にわたることが多くなります。そのため、制作段階になって「契約が終了し素材写真が使えなくなった」「販売計画が変更になった」「商品のデザインが変更になる」などのトラブルが発生する場合もあります。ひとつひとつは小さな変更点であっても、制作完了間際になってから大きな変更の原因となる場合があります。変更や修正点は、早急に関連部署と共有・連携の上で対応を行っていく必要があります。

▶ 企画立案からローンチまでの段階的な流れ 図表14-3

企画立案

7つのステップで
企画を進める

実制作・開発

関係各所の確認フローに
注意する

ローンチ

優先順位を考えて、場合
によっては段階的に公開
する

着実に制作するためにはプロジェクトの管理が必要です。次のレッスンでさらに詳しく見ていきましょう。

Lesson 15

[オウンドメディアのマネジメント]

オウンドメディアの運営体制と
プロジェクトマネジメントの重要性

**このレッスンの
ポイント**

オウンドメディアは、短期的な対応に加えて、長期にわたる運用・管理が肝心です。Webサイトを企業経営上の重要な戦略として捉える企業も増え、プロジェクトマネジメントに長けたWeb担当者が求められています。

○ Webサイト運用の「プロジェクトマネジメント」とは

プロジェクトマネジメントとは、平たくいえば業務上の「ヒト・モノ・カネ」を管理することです。Web担当者にとっては、Webサイト制作・運用に関わるすべてのヒト（依頼先・スケジュール）、モノ（サイトのクオリティ）、カネ（予算）を管理することとなります。

Webサイト運営は、ユーザーに喜ばれる内容をWeb担当者が考えるだけでなく、会社全体の状況、および戦略に沿って内容を決めなければなりません。また、関連の他部署、外部委託会社などと十分コミュニケーションを取り、協力しあう必要があります。

Web担当者は、これら多くの関係者の中心に立ち、チームとしてまとめながら、プロジェクトを進めていくプロジェクトマネージャーなのです 図表15-1 。

▶ Webサイト担当者は多くの関係者をチームとしてまとめる必要がある 図表15-1

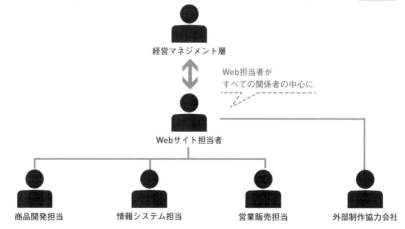

○「ヒト」「モノ」「カネ」をマネジメントする「依頼と承認」

オウンドメディア運営のゴールは、更新を通じてユーザーに求められている情報を充実させ、Webサイトの価値を向上させることです。そのためには、関係者（ヒト）と十分にコミュニケーションを取り、内容（モノ）を管理しながら進めていく必要があるでしょう。

しかし、Webサイト制作プロジェクトにはトラブルや失敗はつきものです。プロジェクトがつまずく要因には、「業務範囲の誤解」「承認の有無」「タスク遅延」「予算管理」など、さまざまなものがあります。これらの失敗を防止するには、「依頼と承認」をタスクごとに意識することが必要です 図表15-2 。

依頼する相手は適切なのか、スケジュールは適切なのか。依頼する内容は適切なものなのか、上がってきたものは企業として公にすることが承認されているのか。進めているプロジェクトの予算（カネ）は当初の予定通りなのか、依頼したものは予算の範囲内で進められる内容なのかなど、「依頼と承認」のどちらかもしくは両方が欠けている場合に、プロジェクトが立ち行かなくなりがちです。

▶ 承認と依頼のプロセス 図表15-2

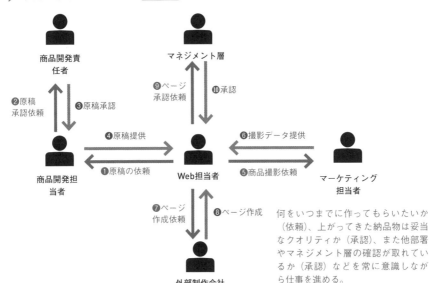

何をいつまでに作ってもらいたいか（依頼）、上がってきた納品物は妥当なクオリティか（承認）、また他部署やマネジメント層の確認が取れているか（承認）などを常に意識しながら仕事を進める。

成功するプロジェクトマネジメントには、あらゆる場面で「依頼と承認」の意識が欠かせません。

⭕「依頼」とあわせて必ず「タスクの確認」を

プロジェクトマネジメントの極意は、プロジェクトを完了させるために「やるべき業務（タスク）」を正確に洗い出し、「希望の完了日までに終わらせること（スケジュール管理）」です。

タスクとスケジュールの両輪を回すことで、スムーズにプロジェクトが進みます。この両輪は絡み合っているため、キーになるタスク（業務）が漏れていたり終了していないと、プロジェクト全体の進行が遅れることがあります。「依頼」を行うときは「スケジュールの確認」だけでなく「タスクの確認」を必ず行い、依頼者から「承認を得る」ことを忘れないようにしましょう。承認を得ないままずるずると進めると、何かが発生した際に、全体の進行が遅れていくことになります 図表15-3 。笑い話のようですが、実際にはわりと頻繁に発生するトラブルです。

▶ プロジェクトの進行中にタスクが漏れてしまったケース 図表15-3

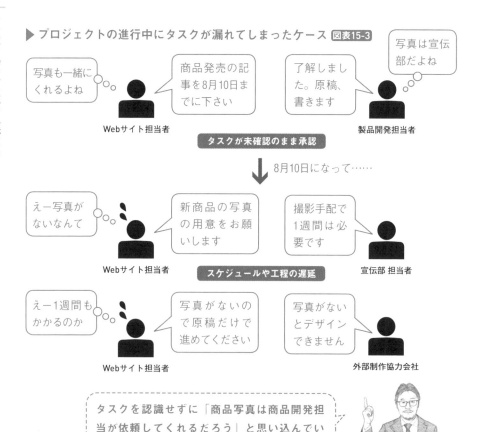

写真も一緒にくれるよね

商品発売の記事を8月10日までに下さい

Webサイト担当者

了解しました。原稿、書きます

写真は宣伝部だよね

製品開発担当者

タスクが未確認のまま承認

⬇ 8月10日になって……

えー写真がないなんて

新商品の写真の用意をお願いします

Webサイト担当者

撮影手配で1週間は必要です

宣伝部 担当者

スケジュールや工程の遅延

えー1週間もかかるのか

写真がないので原稿だけで進めてください

Webサイト担当者

写真がないとデザインできません

外部制作協力会社

タスクを認識せずに「商品写真は商品開発担当が依頼してくれるだろう」と思い込んでいると、撮影の依頼が遅れてしまいます。

● タスクとスケジュールを可視化して管理する

プロジェクトマネジメントにおいて、スケジュール管理は腕の見せ所です。スケジュールの管理には、「ガントチャート」図表15-4 と呼ばれる手法がよく使われています。プロジェクトの段階をタスクに落とし込んで縦軸にリストアップし、横軸にはスケジュール日程を取ることで、作業の流れや進捗が一目瞭然になります。ボトルネックになる作業やスケジュール変更時の必要な営業日の確認もしやすく、プロジェクトマネージャーやメンバーが状況管理する際に有効な手段です。

▶ ガントチャートの例 図表15-4

「タスク」に分解してリストアップする / タスクを実行する人 / 横方向のカレンダーで作業期間を塗ると必要日数が一目瞭然 / タスクから判断し同時並行して進められるタスクを確認する

No.	タスク内容	担当者	開始日	終了日	1月	2火	3水	4木	5金	6土	7日	8月	9火	10水	11木	12金	13土	14日	15月	16水	17木	18金	19土	20日	21月	22火
1	方針検討（キックオフ）	全員	5月1日	5月1日																						
2	契約書締結	田中	5月2日	5月2日																						
3	コンセプト検討	中島	5月1日	5月3日																						
4	サイト名検討	斎藤	5月3日	5月5日																						
5	Webデザイン	責任者・小西	5月3日	5月10日																						
5.1	PlanA	吉村	5月3日	5月10日																						
5.2	PlanB	武本	5月3日	5月10日																						
5.3	PlanC	友村	5月3日	5月10日																						
6	サイト構造検討	田中（み）	5月10日	5月12日																						
7	機能比較	Tech責任：中島	5月8日	5月12日																						
7.1	レコメンド機能	中西	5月8日	5月10日																						
7.2	決済機能	東	5月10日	5月12日																						
8	コピー作成	五十嵐	5月12日	5月18日																						
9	写真撮影	鮫島	5月11日	5月18日																						
9.1	ロケハン	鮫島・吉川	5月13日	5月14日																						
9.2	撮影	鮫島・吉川	5月16日	5月18日																						

ガントチャートでプロジェクトを管理する場合、どこかの作業が遅延したら「お尻に合わせて作業期間を詰める」のではなく、「日程が遅延した分だけ全体を後ろに伸ばす」のが基本となる。常に予備日程を考慮に入れておく。

👍 ワンポイント　確実に伝わるコミュニケーションを重視しよう

Webサイト制作では、外部協力を依頼する制作会社のような専門家と、Webは門外漢の社内の部署とが一緒に作業することになります。お互いの社内で聞き慣れない技術用語や専門知識が増え、一方が当然と思っていることを他方が理解できないこともめずらしくありません。

メールを転送して依頼完了したつもりが、認識違いや理解不足でプロジェクトが滞る場合もあります。プロジェクトマネージャーは、チームとしてスムーズなコミュニケーションが取れるように配慮しなければなりません。オンラインのグループウェアを使うのも一助ですが、時にはフェイストゥフェイスや通話機能なども使い、理解を促すための丁寧な説明を心掛けましょう。

[Webサイトの基礎知識]

16
Webサイト制作で必要になる基本技術を知っておこう

**このレッスンの
ポイント**

毎日のようにインターネットを使っていても、通常は、技術的なことを意識することはありません。しかし、制作や運用に関わると、自分で手を動かさないにせよ基本的な技術も理解しておく必要が出てきます。

◯ インターネットの技術は分散処理が基本

インターネットは、電話などの中央集約型のネットワークが破壊されても利用できる軍事技術として開発された経緯から、「分散処理」が基本です。情報が細かいパケットに分けてバラバラの経路で送られ、受信先で再び統合されるのです。
Webページもこの仕組みで表示されます。テキストや画像、動画などのデータをバラバラに受信して、Webブラウザで組み立て直して表示するのです。WebブラウザでURLを指定してWebサイトにアクセ

スすると、まずWebサーバーから「HTMLファイル」と呼ばれるテキストファイルが配信されます。HTMLファイルには人間が読むテキストのほかに、「タグ」と呼ばれる文書構造を示したテキストが含まれており、画像ファイルなどの保管場所や挿入位置が指定されています。Webブラウザはこのタグに沿って、あらためて画像データなどを受信し、結果としてWebブラウザ上にWebページが表示されます。

▶ **Webブラウザに情報が表示される仕組み** 図表16-1

Webブラウザ

❶URLを指定する

❸データを受信

Webサーバー

❷HTMLファイルとそこで指定されている画像を配信

❹HTMLに従ってWebページを表示

**HTML
ファイル**

**画像
ファイル**

ハイパーリンクによってさまざまなサービスが提供できる

HTMLタグを使うと、ハイパーリンクで別のページと結びつけたり、ひとつのページにさまざまなサービスを集約して表示できるようになります。例えば自社サイトで気象情報を提供したいと考えた場合、スペースだけを空けておいて、外部の企業が提供する気象情報をリンクして表示するといったことができます。すべてのコンテンツを自社制作しなくても、さまざまなサービスと提携しデータを組み合わせることで、顧客にとって利便性の高いサービスを提供できるのです。

▶ 外部サービスとの連携 図表16-2

リンクによって外部サービスをWebページに埋め込める。

デザインや動きを指定する仕組み

WebページはHTMLのほかに、CSSやJavaScriptというプログラミング言語を使うことで、豊かなデザインや動きを表現できるようになります。基本の文書構造を記述するHTMLに対し、CSSはWebページのデザインを記述するものです。文字の種類や大きさ、色をはじめ、背景画像などを指定できます。

またJavaScriptでは、HTMLとCSSだけでは表現できない動きや機能を記述します。例えばマウスポインタの動きによってデザインを変化させたり、ページ内にサーバーのデータと連携したさまざまな機能を追加したりできます。

▶ 3つの言語の役割分担 図表16-3

Webページで高度な動きを表現するために、最近ではデザインとプログラミングは分業体制になってきています。

Lesson [Webサイトの集客]

17 アクセスアップのためにWebサイトの訪問経路を意識しよう

このレッスンのポイント

Webサイトを制作してインターネット上に公開しただけでは、アクセスは増えません。アクセスアップの手法について考えるために、まず、どのようにして人がサイトにアクセスするのかを知りましょう。

◯ ほとんどの人は、リンクをたどってサイトにやってくる

インターネット上のサイトの場所はURLと呼ばれ、「https://www.impress.co.jp/」といったURLの文字列をWebブラウザのアドレスバーに入力すれば、サイトにアクセスできます。しかし、URLを入力するという経験は、皆さんもあまりないでしょう。ほとんどの人は、あちこちのリンクをクリックしてたどり着くからです。リンクはさまざまな場所に散在しています。例えば「自社サイト内の相互リンク」「ニュースサイトに掲載された広告のリンク」「ブログ記事内のリンク」「ソーシャルメディアで拡散されたリンク」などです。また「検索エンジンで調べた検索結果のリンク」も重要なリンクです。「続きは○○で検索！」という広告も、間接的にリンクを表示させるという意味ではリンクの役割を果たしています 図表17-1 。

リンクをどのように用意し、配置するのかが、多くの人に読まれるサイトになるための最も重要なキーなのです。

▶ ユーザーが訪問する経路 図表17-1

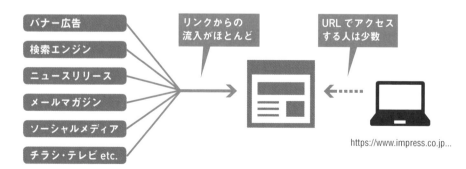

バナー広告
検索エンジン
ニュースリリース
メールマガジン
ソーシャルメディア
チラシ・テレビ etc.

リンクからの流入がほとんど

URL でアクセスする人は少数

https://www.impress.co.jp...

● アクセスを増やしたいなら適切な道筋を作る

より多くのリンクを適切な場所に張り巡らせば、Webページへのアクセスは自然と伸びます 図表17-2 。そのための施策には、自社サイト内でできる内部施策と、サイト外で行う外部施策があります。

内部施策の典型例は、消費者が「調べたいな」「もっと知りたいな」と思うような箇所にリンクを配置することです。商品ページに「よくある質問はこちらへ」といったリンクを配置し、Q&Aページへ誘導することなどが典型です。

一方、広告を掲載したり、積極的なプロモーション活動を仕掛けたりすることによって外部のリンクからの流入を増やすといった方法もあります。

▶ リンクに触れるきっかけを増やす 図表17-2

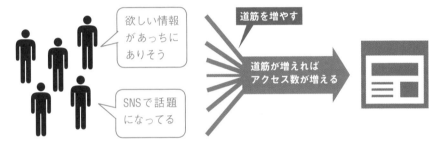

● 流入元を分析して、道筋を設ける「適切な場所」を探す

自社のサイトにアクセスする経路となったリンクのことを、Web用語で「流入元」といいます。流入元は、Googleアナリティクスの「集客」レポートや、他のアクセス解析ツールで知ることができます（Lesson 19参照）。流入の量と確率の大きい流入元を調べれば、その媒体や経路に対策を行うことで、アクセスアップが期待できます。

自社サイトで人気の記事や、よく検索されている記事のキーワードを調べることも、適切な流入元を強化するヒントになります。ただしサイトをオープンする前や、アクセス総量が少ない時期には調査がしづらいので「SimilarWeb」（https://www.similarweb.com/ja）のようなWebサービスを活用し、競合サイトの流入状況を調べると、どんなキーワードからアクセスが多そうかが推測でき、施策づくりの参考になります。

正しい道筋が増えればアクセスは着実にアップします。Webページにとって致命的な問題は、孤立してリンクがないことです。

[SEO（検索エンジン最適化）の基本]

18 SEOの考え方を 正しく理解しよう

このレッスンの
ポイント

Googleなどの検索エンジンは、膨大なWebページの中から「キーワードに応じた最適な検索結果」を提示します。この、検索エンジンに自社サイトの内容を的確に評価してもらうための施策がSEOです。

⭕ サイト流入の多くは検索エンジンから

Lesson 17で、Webページへの流入経路はさまざまなリンクであると説明しましたが、実際にはその多くを検索エンジンのリンクが占めています。サイトの趣旨にもよりますが、一般に3〜6割程度が検索エンジンからの流入といわれます。検索流入対策は広告ほど大きな予算を必要とせず、リンクは半恒久的に残るので、取り組みがいのあるオウンドメディア施策です。

検索流入は、GoogleやYahoo! JAPANなどの

検索エンジンで上位表示されればされるほど、クリックされる率は高くなります。同時に、アクセスアップを考えれば「多くの人が検索するキーワード」、特に「自社に来てほしい消費者が使うキーワード」で上位に表示されることが重要です。単純に、誰も検索しないキーワード（例えば自社の住所）や、自社に関連のないキーワードで検索の上位に立っても、あまりメリットがありません。

▶ 検索結果からの流入 図表18-1

調べたいものをキーワード検索し、
上位結果のリンクを閲覧

検索キーワードで望むリンクが出なかったり、想定キーワードで検索がないとアクセスされない

⬤ 検索エンジンが検索結果を表示する仕組み

検索エンジンは、クローラーと呼ばれるソフトウエアを使って、インターネット上にある無数のサイトを常時巡回（クローリング）し、情報を収集してデータベースに格納（インデックス）しています。

ユーザーが検索窓にキーワードを入力すると、そのキーワードに合致したページをデータベースから探してきて順位付けを行い、検索結果として表示します 図表18-2 。

▶ Webページを収集し評価する 図表18-2

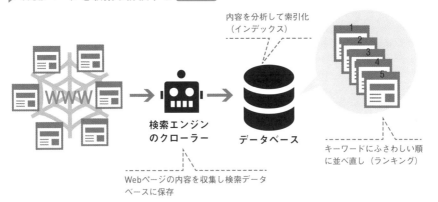

内容を分析して索引化
（インデックス）

検索エンジン
のクローラー

データベース

Webページの内容を収集し検索データベースに保存

キーワードにふさわしい順に並べ直し（ランキング）

⬤ SEOは、検索エンジンに内容を正しく理解させるためもの

SEOとは、検索エンジン最適化（Search Engine Optimization）のことです。しかし検索エンジンが検索順位を決める仕組みそのものは明らかにされていません。そこでオウンドメディア運営側が取り組む

べきは、消費者にとって「価値のあるコンテンツ」をまず用意することです。その上で検索エンジンが適切に内容を認識できるように、サイトを整備すること。これがSEOの基本的な考え方です。

▶ 検索エンジンと人間は理解の仕方が違う 図表18-3

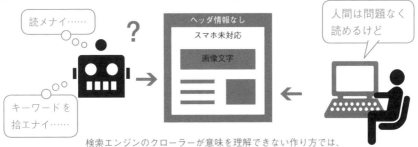

読メナイ……

?

ヘッダ情報なし

スマホ未対応

画像文字

人間は問題なく読めるけど

キーワードを拾エナイ……

検索エンジンのクローラーが意味を理解できない作り方では、サイト内容を正しく判断させることができない。

● SEOは、コンテンツとテクニカルの両輪で改善する

消費者は「知りたい」「調べたい」と思ったときに検索エンジンを使い、そのとき検索エンジンが示した検索結果の中から、自分の探しているものに一番近そうな記事のリンクをクリックします。

最終的にどの情報を選択するのかは消費者の判断にゆだねられますが、検索エンジンは「優良なコンテンツ」や「信頼のおけるコンテンツ」と思われるものをまず上位に表示します。

また、優良なコンテンツは読者がさらにシェアしたり、サイトを記憶に留めるといった直接的なエンゲージもあります。顧客が求める良質な情報を提供してオウンドメディアへの集客を図っていく手法をコンテンツマーケティングと呼びます。しかしせっかく良質なコンテンツがあっても、検索エンジンでヒットしないサイトは、存在しないも同じです。

コンテンツを提供するだけではなくSEO施策とあわせて考えていくことが大切です。逆に、SEO施策のテクニカルな手法だけを追求しても、消費者に提供できる優良なコンテンツがないと、やはり消費者から支持はされません。SEO施策とコンテンツ施策は、両方が合致してこそ最大の効果を生むといえます 図表18-4 。

▶ 検索結果からの流入 図表18-4

SEOにおける取り組み

ユーザーへ配慮したコンテンツ施策

- ユーザーの意図を考慮する
- 高品質・適量のコンテンツを提供
- 信頼できる情報を提供する
- 誰でも使いやすいページにする

検索エンジンへ配慮したSEO施策

- メタ情報の最適化
- サイト構造の最適化
- クロール（巡回）の最適化
- 構造化データの提供

SEO施策はコンテンツをデザイン・整形して検索エンジンが最適な評価をできるようにすること。

▶ Google 検索の仕組み
https://developers.google.com/search/docs/beginner/how-search-works?hl=ja&ref_topic=3309469

以前は、ランキング上位にのせる「テクニック」がまかり通っていましたが、文字数を増やしたり外部リンクを購入したりする方法は、もはや逆効果です！

● 検索結果のページタイトルを見直してみる

自社サイトでできる内部施策の代表的なものに、「ページタイトルの最適化」があります。ページタイトルとは、HTMLファイルのtitle要素に指定されているタイトル文のことです。

サイト制作時には、全体の構成や内容を作り上げることを優先し、各ページのタイトルにはそこまで注目していないかもしれません。しかし、検索結果画面にはページタイトルが1行目に表示されるため、数ある検索結果から消費者がどのページを選ぶか判断する際に、重要なものです。Googleでは、トップページのタイトルにはサイトや会社の名前を載せることに加え、会社の所在地、主要な取扱商品などの重要な情報を含めることを推奨しています 図表18-5 。さらにサイトの深い階層にあるページについては、各ページの内容を適切に表現したタイトルを付けることが推奨されています。

▶ タイトル文の指定方法と検索結果のイメージ 図表18-5

❶ショップのサイトのトップページに付けられたタイトルには、サイト（会社）名と主なコンテンツの概要が含まれています

❷[ギフト　花] という検索キーワードで検索されたとします。検索結果にショップのサイトが表示され、ページタイトルが1行目に表示されます。このとき、ユーザーが使用した検索キーワードと一致する単語は太字になります

出典：Google「検索エンジン最適化スターターガイド」
http://static.googleusercontent.com/media/www.google.co.jp/ja/jp/intl/ja/webmasters/docs/search-engine-optimization-starter-guide-ja.pdf

HTML で指定するページタイトル文は、そのまま消費者に対してのメッセージやオファーになります。決しておろそかにしてはいけない文であるということがわかるでしょう。

👍 ワンポイント　Google公式の文書に目を通しておこう

具体的なSEO対策については専門書も多数ありますが、まずはGoogleの提供している「検索エンジン最適化スターターガイド」に目を通してみましょう。SEOの基礎的な内容がわかりますし、なにより検索エンジン開発元のGoogleによる提供なのでSEOにとって大切なことが網羅されています。

Lesson [アクセス解析の基本]

19 アクセス解析でサイト運用の改善ポイントを探ろう

**このレッスンの
ポイント**

サイトにどのような人が見に来ているのか、どのページを読んでいるのかは、**サイト分析を通じて把握できます。**定期的にチェックして、現状の把握とより良いサイトにするための改善ポイントを探っていきましょう。

○ アクセス解析ツールで顧客の行動を分析する

アクセス解析ツールを使うと、ユーザーがいつWebサイトにアクセスし、どのページが何回見られたのか、またどのくらいの時間をかけて読まれたのかといったユーザーのサイト行動情報を、逐一データとして記録することができます。

最もポピュラーなアクセス解析ツールは「Googleアナリティクス」でしょう。無料プランから利用でき、自社サイトの各ページに指定された専用のJavaScriptを設置しておくだけで、豊富な解析機能が利用できます。訪問者の流入元や検索キーワード、ページをどのように遷移し、どこでページを閉じたか（離脱）のほか、利用端末の種類やユーザーの年齢層、地域などもわかります 図表19-1 。

こうした行動データを分析して得られたユーザーの傾向や気づきのことを、「ユーザーインサイト」と呼びます。

▶ Googleアナリティクスでユーザーの来歴、行動を記録して分析する 図表19-1

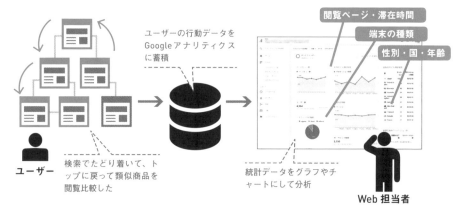

ユーザーの行動データを
Googleアナリティクス
に蓄積

閲覧ページ・滞在時間

端末の種類

性別・国・年齢

ユーザー

検索でたどり着いて、トップに戻って類似商品を閲覧比較した

統計データをグラフやチャートにして分析

Web担当者

● ユーザーの行動を分析して、サイトを改善する

アクセス解析の統計データを漫然と見ているだけでは、サイトのアクセスは増えません。統計レポートは、自社サイトを訪れたユーザーが本来したかったことは達成できたか、またどうして離脱したのかなどを考えるための素材です。そこからユーザーインサイトを引き出し、喜ばれるサイトにするための改善点を見つけ出すのが、アクセス解析の目的です。

またアクセス解析だけでなく、会員データや購入履歴などを組み合わせれば、より鮮明に顧客像を浮かび上がらせることができます。より深いユーザーインサイトを考えていくことで、ユーザー重視のサイトにしていくことができるでしょう。

▶ ユーザーインサイトを得て改善につなげる 図表19-2

端末の種類

性別・国・年齢　閲覧ページ・滞在時間

行動データ分析　　　ユーザーインサイト　　　サイト改善

● 必要な情報を得るために指標（KPI）を絞り込む

Googleアナリティクスは非常に高機能で、多くの情報が提供されますが、インサイトを得て改善点につなげなければレポートを見る意味がありません。そこで、自社にとって必要な情報を的確に取り出して活用していく姿勢が必要です。そのためには、ビジネス上で伸ばしていく数字を絞り込みましょう。目的の達成度を計るために参照する数字のことを、KPI（Key Performance Indicator／重要業績評価指標）と呼びます

（Lesson 32参照）。

例えば立ち上げて間もないサイトであれば、KPIには「PV」や「ユーザー数」などがよく使われます。サイトでの一定の商品ページの閲覧を増やしたいのであれば、目標ページを設定してユーザーが狙いどおりに遷移しているかを計る「コンバージョン」に注目します。このように、状況に応じて参照する指標を決め、改善するポイントを見つけていきましょう。

集計データは、顧客の行動から顧客を理解するために使うものです。自社にとって必要な指標となる情報を取り出して、サイト改善に活用しましょう。

Lesson　［オウンドメディアと法規制］

20

オウンドメディア運営において気をつけるべき法律

**このレッスンの
ポイント**

Webサイトは全世界に公開されている性質上、気軽な気持ちで行ったことが、大きな問題に発展することもあります。ここでは、運営時に気をつけるべき「著作権」「個人情報」「表現に関する規制」について理解しましょう。

◯　無断コピー、無断利用はNG！「著作権」に注意する

デジタル時代の特徴のひとつに、「複製が容易になった」ことがあげられます。音楽、写真、イラスト、文章など、アナログ時代には相応の時間と費用をかけなければ複製できなかったものが、デジタルデータでは容易に大量にコストも低く、しかもほとんど劣化することなく複製できてしまいます。

またインターネット上のデータは、ネットにつながっていさえすればどこからで

も容易にアクセスできます。検索で調べた説明文の一部や、画像検索見つけた写真やイラストなどをコピーするのも簡単です。しかし、文章や音楽、写真、イラストなどの著作物は、著作者の権利が保護されているので、無断で使用してはいけません。自社の施策で使用する著作物は、自社で作成したものか、正しく権利処理されたものだけを利用しましょう。

👍 ワンポイント　クリエイティブコモンズについて

インターネットでは、複製容易性や国境概念の希薄さから権利の処理が難しい場合があります。その場合、インターネット時代の著作権のルールとして、権利を保護したままで作品をより多く流通させようというコンセプトの「クリエイティブコモンズ（CC）」という考え方があります。CCライセンスの著

作物は、比較的自由な利用が認められていますが、著作権が放棄されているわけではないので、十分にルールを理解して利用しましょう。

▶ クリエイティブ・コモンズ・ライセンスとは
https://creativecommons.jp/licenses/

● 「個人情報」の取り扱いポリシーを定めて公開する

個人情報とは、氏名、生年月日、住所、連絡先など、個人を特定できるものことを指します。企業としてはさまざまな活動の中で、名刺や問い合わせ先の管理など、何らかのかたちで個人情報を取り扱っています。インターネット上で商取引を行わない企業であっても、サイト内に問い合わせフォームを設置して問い合わせを受け取ることが多いでしょう。その

際には、問い合わせ内容に加えて企業名、担当者名、連絡先などの個人情報も記載してもらうことがほとんどです。

したがって、すべての企業が個人情報に関するポリシーを定めて、社員や社外に対して宣言を行う責務があるといえます。個人情報の取り扱いに関するポリシーを企業として定めて、サイト上に公開しましょう。

▶ 個人情報保護方針の例 図表20-1

個人情報の取扱方針のひな形（経済産業省）
https://www.meti.go.jp/committee/kenkyukai/shoujo/smart_house/pdf/009_s15_00.pdf

個人情報保護（経済産業省）
https://www.meti.go.jp/policy/it_policy/privacy/

プライバシーマーク制度について（一般社団法人日本情報経済社会推進協会）
https://privacymark.jp/

会員登録などがなく、個人情報を明確に取り扱わない Web サイトでも、プライバシーポリシーは掲示する必要があります。

● サイト上や広告の表現は「消費者保護」に注意する

企業が自ら運営しているサイトだからといって、商品の説明やサービス内容について、自社に都合のいいことをなんでも書けるわけではありません。実際の商品よりも大げさに特徴を表現していたり、虚偽の内容が書かれていた場合には、消費者は多大な不利益をこうむることになります。そのため「消費者保護」の趣旨を理解し、企業としての社会的責任を常に意識するようにしましょう。

消費者保護の観点ではさまざまな法律が定められていますが、特に次に解説する「景品表示法」は、Webサイトの運営にも深く関わってきます。そのほか、医薬品、化粧品、健康食品、特定保健用食品などを取り扱う場合には「薬機法（医薬品医療機器等法）」を確認する必要がありますし、広告などで他社商品と比較をする場合には比較広告についての取り扱いや表現について注意が必要です。

消費者への不利益行為に知らず知らずのうちに加担してしまうことがないように、消費者保護のルールをしっかり理解しておきましょう。

● 商品の説明で注意すべき「景品表示法」のポイント

景品表示法は、正式には「不当景品類及び不当表示防止法」といいます。これは、消費者を保護するために、消費者の選択を誤らせてしまうおそれのある行為を制限し禁止する法律です。特に「商品の説明に関すること」と「キャンペーンなどの景品の規制に関すること」の2つが、マーケティング業務に関わってきます。

①商品の説明に関する「有利誤認」と「優良誤認」

「有利誤認」とは、自社の提供する商品やサービスの取引において、価格や条件などが通常の場合や競合他社に比べて著しく有利であると、誤って理解させてしまうことをいいます。

一方、「優良誤認」とは、自社の提供する商品やサービスの取引において、品質や規格などが実際のものや競合他社と比べて著しく優良であると、誤って理解させてしまうことをいいます。

▶ 有利誤認の例 図表20-2 ▶ 優良誤認の例 図表20-3

1万円で
ライセンス取得可能。
毎月先着10名様！

30分で
充電完了！
すぐに使える！

レッスンは1万円だったけど、機材のレンタル費やスタジオ代などがいろいろ……

実際には充電完了まで5時間以上かかった……

有利誤認と優良誤認は、間違って行った場合でも故意で行った場合と同様に規制されるので、注意が必要です。

👍 ワンポイント　二重価格の表示

有利誤認を起こしやすい表示として、「二重価格」があります。二重価格の表示そのものは禁止されているわけではありません。しかし、機能や性能が単に似ているからといって別の商品の価格を比較対照価格（参考となる別の価格）としてしまう場合や、過去や将来の価格を比較対照価格とする場合、またメーカー希望小売価格を比較対象とする場合なども、その内容によっては不当表示に該当するおそれがあります。特に以下の図のように、値下げの前の価格と後の価格を同時に表記しようとする場合には、最近相応期間にわたって値下げ前の価格で販売されていたとみなされないと、不当表示とされるおそれがあります。

\ 不当表示のおそれ /

ずっと1,500円で売っていたのに通常価格が5,000円は変だよ？

不当表示ではない

昨日まで本当に5,000円で売っていたのに、お得だな！

当店通常価格
5,000円（税込）
のところ…

1,500円（税込）

②キャンペーンなどの景品に対する制限

景品表示法上の「景品」とは、店舗への誘引やWebサイトでの販売・登録などの促進を目的に、取引に関連して、消費者に商品等を提供するものです。一方、商品・サービスの利用者に対し、くじや抽選で景品類を提供するのが「懸賞」です。過大な景品の提供は消費者を惑わせるとして、一定の規制が課されています。

景品や懸賞には、買うと必ずもらえる「総付け景品」、ポイントを貯めてもらえる「一般懸賞」、クイズに答えて誰でも応募できる「オープン懸賞」などがあります。また、商店会など複数の主体者が共同で行う「共同懸賞」もあります。それぞれ、懸賞の内容や取引金額によって、提供可能な景品の最高額や総額に上限があるので、実施する際には必ず規制内に収まっているか確認が必要です。

▶ キャンペーンなどの景品規制 図表20-4

懸賞の種類	概要
総付景品	購入するすべてに添付される景品（ベタ付）
一般懸賞	一定金額の購入を条件にして、参加する懸賞
オープン懸賞	購入を条件にせず、誰もが応募可能な懸賞（※オープン懸賞の景品上限金額は2006年に撤廃）
共同懸賞	商店会など複数の主体者が共同で行う懸賞

▶ 例：購入者の中から抽選でハワイ旅行をプレゼントするには？ 図表20-5

購入が条件だと、購入金額の20倍もしくは10万円までしかプレゼントできない

新聞などで告知して誰でも応募ができるのであれば、ハワイ旅行がプレゼントできる

参考：
「不当な価格表示についての景品表示法上の考え方」（価格表示ガイドライン）消費者庁
http://www.caa.go.jp/representation/pdf/100121premiums_35.pdf

よくわかる景品表示法と公正競争規約（平成30年3月改訂）
http://www.caa.go.jp/policies/policy/representation/fair_labeling/pdf/fair_labeling_180320_0001.pdf

事例でわかる景品表示法 - 消費者庁
http://www.caa.go.jp/policies/policy/representation/fair_labeling/pdf/fair_labeling_160801_0001.pdf

早わかり改正薬事法のポイント
http://www.jiho.co.jp/Portals/0/ec/product/ebooks/book/45550/45550.pdf

比較広告に関する景品表示法上の考え方
http://www.caa.go.jp/representation/pdf/100121premiums_37.pdf

Chapter

3

ブランド訴求から
販促までネット広告を
広く活用しよう

広告は、ブランディングから販促まで多くの役割を担います。デジタルにおいても、目的に合わせ最適な人・内容・タイミングで届ける広告の基本を押さえて活用していきましょう。

[デジタルで変わる広告]

21 デジタル時代の広告について理解しよう

このレッスンのポイント

マス広告とネット広告の主要な違いは「コンテンツと広告の分離」「リアルタイムでのデータ活用」「ハイパーリンクの存在」です。このレッスンでは、マスからネットへの歴史を踏まえながらその潮流をさらってみましょう。

◯ アドサーバーによるコンテンツと広告の分離

ネット広告は、Yahoo! JAPANが日本に登場した1996年頃から急速に広がりはじめました。その当時からネット広告は、コンテンツと広告が別々に管理されるという特徴を備えていました。

マスメディアでは、広告はコンテンツと一体で視聴者（読者）へ届けられます。そのため、同じメディア、同じコンテンツを見ている限り、視聴者（読者）は同じ広告を見ることになります。

ところが、ネット広告では広告を配信する「アドサーバー」という技術によって、

広告とコンテンツが別々に管理されるようになりました（Lesson 31参照）。つまり同じメディアで同じコンテンツを見ても、人によって、あるいは時間帯や場所によって異なる広告を見ることになります。

そのため、マスメディアでは「ターゲットはどんなコンテンツを見ているのか」という視点で広告の企画を検討するのに対し、ネット広告では「誰が」そのページを見ているかに注目するという考え方に変わってきました。

▶ アドサーバーによってコンテンツと広告は分離された **図表21-1**

マスメディアの場合

コンテンツと広告は一体。コンテンツ（メディアデータ）で広告のターゲッティングを行ってきた。

ネットメディアの場合

コンテンツと広告は別管理。メディアデータに加えて、別途取得される各種データも活用し、広告のターゲッティングを行う。

出典：社団法人日本インタラクティブ広告協会『必携 インターネット広告 プロが押さえておきたい新常識』（インプレス）

● リアルタイムでのデータ収集と活用

マスメディアの広告では、出稿後の広告リーチ（広告接触者数）や頻度（フリークエンシー）、広告の認知率といった広告効果を調べるには、別途調査を実施する必要があり、データ収集や分析に一定の時間が必要です。一部ではテレビの広告視聴率をリアルタイムに近いタイミングで把握する取り組みも始まっていますが、現時点ではデータの取得対象者も限定されています。

一方、ネット広告では、アドサーバーのログや計測タグによって、広告接触者数やフリークエンシー、クリックなどはリアルタイムで計測することが可能です。また集計したデータをその場で活用しながら、次の広告配信の方針に役立てたり、サイトをアクティブに変更していくことも可能になりました。

▶ リアルタイムでのデータ収集が可能になった 図表21-2

マスメディアの場合

広告施策の成果は、事後の調査等を経て収集するため、タイムラグが発生する。

ネットメディアの場合

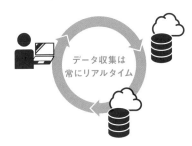

コンテンツと広告は別管理。別途取得される各種データも活用し、広告のターゲッティングを行う。

出典：社団法人日本インタラクティブ広告協会『必携 インターネット広告 プロが押さえておきたい新常識』（インプレス）

> 広告のデジタル化とは、消費者の使うデバイスがデジタル化しただけではなく、今まで取得できなかった各種データのリアルタイム活用ができるということが本質なのです。

○ ハイパーリンクによるWeb行動の把握

ハイパーリンク（リンク）とは、Web ページのテキスト、画像、動画などに埋め込まれた別のWebページやファイルへの参照情報です。この機能があるため、消費者がネット広告をクリックすると、広告主の指定したサイトを開くことができます。

マスメディアの広告では、どれだけ多くの人に広告を見せたとしてしても、その後の消費者の行動を可視化することは困難でした。キャンペーンで大量に出稿し

たとして、その結果来店が増えたしても、どの広告が来店促進に寄与したのか、売上に寄与したのはどの施策だったのかは、別途追跡で調査を行っていく必要があります。

ネット広告ではハイパーリンクから得られるデータを集計分析することで、消費者が最もクリックした広告は何か、どのメディアからの来訪数が多いのかといったデータを取得し、活用できるようになりました。

▶ ハイパーリンクで消費者の行動へ直接アプローチが可能に 図表21-2

マスメディアの場合

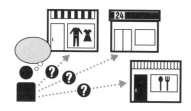

導線が不明

モチベーションの喚起、ニーズの発生、ブランド想起、購買行動の発生はあっても、企業主導での消費誘引はできず、行動の可視化もできない。

ネットメディアの場合

直接誘引・トラッキング
が可能

情報検索などから、直接的に企業サイトへの誘因がはかりやすい。かつ、リンクのクリックなどが数値化できるようになった。

出典：社団法人日本インタラクティブ広告協会『必携 インターネット広告 プロが押さえておきたい新常識』(インプレス)

こうしたデジタルならではの特徴によって、マスメディア時代にはできなかったことができるようになり、広告活用の幅が大きく広がったのです。

ブランドとコミュニケーションの 考え方について整理しよう

このレッスンの ポイント

一般に「ブランド」というと企業名や商品の知名度や、名称から思い浮かぶ商品やサービスに対するイメージといった意味で捉えられている場合が多いでしょう。ここでは、ブランドの考え方について整理します。

◯ 大量生産・大量販売時代に始まった「ブランド」

マーケティングの考えが時代とともに徐々に変化してきているように、ブランドに対する考え方も、その時代とともに変化しています。

そもそも、マーケティングやブランドの考え方が普及し始めたのは、19世紀初頭の工業化とそれに伴う大量生産の時代だと考えられています。大量生産・大量販

売の時代においては、ブランドが目指したものは他の商品やサービスとの明確な差別化でした。店頭には大量の商品が陳列されているので、そこで販売していくためにはブランドで商品の品質を担保し、他の商品との違いを伝えながらひと目でわかるよう差別化し、消費者に選択してもらうことが必要だったのです。

▶「ブランド」の由来 **図表22-1**

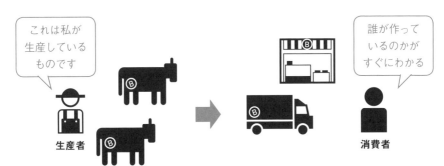

これは私が 生産している ものです

生産者

誰が作って いるのかが すぐにわかる

消費者

ブランドの語源には諸説あるが、自分が管理している家畜を他人所有の家畜と区別をするために焼印をつけて区別したところから「焼印をつける」という意味の「Burned」からきているといわれる。

Chapter 3　ブランド訴求から販促までネット広告を広く活用しよう

NEXT PAGE ➡

● 「ものづくり」から「価値づくり」への変化

時代が進み、多くの企業がビジネスに参入すると、企業間競争によって品質向上や価格適正化がもたらされました。それと同時に、消費者からは、どの製品も似たものに見えるようになりました。

製品の差別化が難しくなると、企業は消費者ニーズに合わせて製品を多様化します。ところが、どの企業も種類を増やしたため、消費者は再び選択がしづらくなります。最後に待っているのが価格競争で、価格競争に陥ると企業は利益を出すことが難しくなります。

このような負の状況から抜け出すため、現在は「商品を生産することが価値提供」という発想から、「消費者にとって価値をどのように作り上げていくのか」という考え方へと企業も変わってきました。

これが、ものづくりから価値づくりへの転換であり、現在主流になりつつある新たなブランド戦略につながります。

▶ 企業の価値づくりと優位性 図表22-2

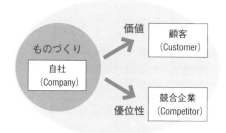

性能やスペックで競合企業との優位性を得るよりも、顧客に対する価値を重要視する考え方が主流になりつつある。

出典：延岡健太郎「価値作りの技術経営」『一橋ビジネスレビュー』57-4、2010年

● デジタル時代の価値創出とブランドのあり方

企業は商品の機能や性能を通じて商品に価値づけを行いますが、その商品に対して実際に価値を感じたり評価するのは消費者にほかなりません。

商品の価値は、購入前から感じるものもあれば、継続的に使用することで感じることもあります。そのため、消費者が感じる価値に触れ、価値を育むには、企業は消費者とのコミュニケーションを継続的に行い、価値の共創を行うことが必要です。

広告は、企業メッセージを伝え、それを受け取った消費者が何らかの行動をとるという意味でコミュニケーション活動の一環です。ネット広告はマスメディアに比べ、インタラクティブ（相互方向）性の高いコミュニケーションが可能になり、使い方によっては、ブランド価値の共創がやりやすい場となっています。

▶ 価値共創時代のコミュニケーション 図表22-3

| 大量生産の時代 | 顧客ニーズに合わせる時代 | 顧客と価値を共創する時代 |

品質は
保証します

ニーズに合わせて
多品種用意
しています

値段で勝負して
しまうと利益が
出ない……

ともに良い
製品を作って
いきましょう！

相互のコミュ
ニケーション
の重要性

品質はどれも同じ
なので、私のニーズに
あったものが欲しい

どれもにたような
ものだから、
安い方がいいな

私の理想を
わかってくれる
ブランドなら

これからネット広告を運用するマーケターには、ブランド認知とサイト誘引といった単純な使い方を超え、企業と消費者がブランド価値をいかに共創していくのか、という視点を持つことが重要です。

👍 ワンポイント　ブランド価値（ブランドエクイティ）とは？

マーケティングではブランドを企業の資産と捉え、ブランドの資産価値を「ブランドエクイティ」と呼んでいます。ブランド価値は、一般的に「ブランド認知」「消知覚品質」「ブランドロイヤルティ」「ブランド連想」の4つの要素で構成されます。

私たちが普段触れているソーシャルメディアやネット広告、企業サイトといったデジタル領域は、ブランド価値の形成に多大な影響力があることを認識しておきましょう。

▶ ブランドの価値を構成する要素

ブランド認知	知覚品質	ブランドロイヤルティ	ブランド連想
買ってもいい選択肢に入っている	消費者が商品の価値を認める	多くの消費者が何度も購入する	このブランドなら欲しい

[変わらない広告の基本]

23 広告の役割をあらためて理解しておこう

このレッスンの
ポイント

広告の基本的な考え方は、メディアのコンテンツを見に来ている読者（視聴者）に対して、企業がメディアの有料広告枠を購入しブランドや商品紹介のメッセージを伝えることです。その主な役割をここであらためて確認しましょう。

○ 広告とは企業と消費者とのコミュニケーション

私たちは、生活の中で数多くのメディアに触れています。テレビをつければニュースやバラエティー番組、ドラマなどのコンテンツを視聴できますし、新聞や雑誌を買って記事を読んだり写真を眺めたりすることもあります。さらに、スマートフォンを持てば、ニュースや動画などのコンテンツに加えて、友人とのコミュニケーションやさまざまな人が発信する新しい情報に触れることができます。そのようなコンテンツとともに広告を掲載

することでその広告に触れた人のブランドや商品への興味や関心を得るだけではなく、お店に行って手に取ってみる、クリックして詳しい情報を調べるといった具体的な消費者の行動を期待することができます。広告は一方的に情報を提供しているだけに見えるかもしれませんが、その情報をもとに消費者がアクションを起こすという意味で企業と消費者のコミュニケーションであるといえるのです。

▶ 広告によるコミュニケーション 図表23-1

新聞　デジタル広告　テレビCM

メッセージ →

← アクション

面白そうなので
調べてみよう

消費者

● 広告の基本は適切な人に適切な広告を届けること

Webサイトを見ているとき、そのときの自分の興味や関心とかけ離れている広告が出たら、どんな気持ちになるでしょうか？ 例えば旅行の記事を読んでいるときに、医療保険の広告を見せられても内容を吟味する気は起こらないでしょう。しかし、それが旅行保険の広告なら「お得な情報なら調べておくか」と興味がわくかもしれません。

読者には、広告に興味をつい寄せてしまうタイミングというのがあります。<u>広告を効果的なものにするには、「最適なタイミング」「最適な場所」で「最適なメッセージ」を伝えることが大切です。</u>ターゲットだからといって、消費者の状況を考慮せずに広告を表示することは、反感を生む結果になりかねません。

▶ 広告の配信のタイミング 図表23-2

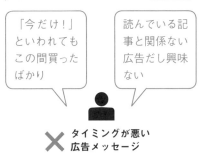

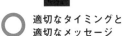

× タイミングが悪い
広告メッセージ

○ 適切なタイミングと
適切なメッセージ

広告は、消費者が記事や動画を見ているその瞬間に届けられます。読者や視聴者のマインドを考慮することが大切です。

● 広告の役割は多種多様

一般的に考えられる広告の役割は「企業のメッセージを消費者に届ける」という機能です。しかし、実際に広告を見る人は消費者という立場にあるとは限りません。
例えば、社会全体に対するメッセージを広告というかたちで発信することもありますし、社内のモチベーション喚起や決

意表明などにも使うこともあります。さらに広告は、出稿先のメディア企業のジャーナリズム活動や、文化活動をサポートするためのものでもあります。
このように、<u>広告は経済社会全体に対しての影響、世相や文化に対しての影響といった大きな影響力を発揮する場でもあるのです。</u>

24 ［メディアプランの条件整理］
広告企画を考える前に 施策の意図と条件を整理しよう

このレッスンの
ポイント

広告出稿の詳細な計画を「メディアプラン」といいます。メディアプランを作成するには、広告を出す意図をきちんと整理する必要があります。ここではまず「5W1H」に沿って、前提条件を整理してみましょう。

◯ メディアプランの整理は5W1Hで

「さあ、広告出稿プランを作ってみましょう」といきなり考え始めても、なかなかできるものではありません。また、作ってはみたものの本来の目的とずれてきてしまい、ちぐはぐなプランになっているということはよく起きます。そんなことが起きないよう、まず企画に入る前に企画の意図をあらためて整理しましょう。

企画を考える中で行き詰ったとき、困ったときなど、これらの項目で整理した内容に立ち返ると企画骨子から外れることのないプランに仕上がるでしょう。
ビジネスフレームワークでもよく使われる5つのWとひとつのH（Why、What、Who、How、When、Where）を使えば、ヌケモレなく情報が整理ができます。

▶ メディアプランのための5W1H 図表24-1

施策目的（Why）	商品特長（What）	広告ターゲット（Who）
何のためにプロモーションをするのかハッキリさせる	伝えたいメッセージの内容を明確にする	誰が見るのか、対象者によって内容も変わる

手法（How）	時期（When）	コンタクトポイント（Where）
WhatとWhoを考慮した上でどのように伝えるか考える	やみくもにプロモーションせず施策実施期間を設計する	プロモーションを行うメディアやデバイスを検討する

○「何のための施策か（Why）」で方針の整理をする

広告のプランを考えていく大前提として、まず「なぜ、今回広告出稿を行うのか（Why）」の目的を明確にしておく必要があります。何となく「サイトに集客するには広告がいいのでは？」という考えでは、プラン自体が目的に沿った内容になって

いるのか、広告出稿後の成果は良かったのか悪かったのか、どう判断すればいいのかがわからなくなってしまいます。まずは、目的を明確化することから始めましょう。

▶ 何のために広告を打つのか？ 図表24-2

新発売だから商品名を広く知ってほしい！

追加された新機能をアピールしたい！

マーケター

▶ 施策目的（Why）の例 図表24-3

事例A：シニア向けコンタクトレンズ

- シニア向けコンタクトレンズという新カテゴリーの認知と商品技術の理解
- 新発売における商品の認知拡大、商品説明サイトへの誘導
- 成果指標：50〜60歳代に対してのリーチ拡大

事例B：高機能トースター

- パンが今まで以上においしく焼けるトースターのファン作り
- マスメディアでも取り上げられて徐々に認知が上がってきているので、さらなるマーケットの広がりを目指したファン作りをしていく
- 成果指標：サイトへの流入増加とソーシャルメディアでの投稿数のアップ

マーケティングの目的は「売上」を上げる仕組みを作ること。Why に当たる目的も、必ずそこに帰結するはずです。

●「何を広告するのか(What)」で商品特長を整理する

施策目的と同時に早い段階で確認しておきたいのは、「何を広告するのか（What）」、つまり商品特長の整理です。広告を行う商品（What）について、その特徴や仕様、セールスポイント、競合との比較優位性などを整理しておく必要があります。

商品の特徴を整理をするときには、「買い回り品」「最寄り品」といった基本的な商品分類と、広告の方針を理解しておくと整理しやすいでしょう。

▶ 商品の分類と広告の方針 図表24-4

商品の分類	特徴	商品例	広告の方針
買い回り品	情報を求めてさまざまな情報を収集しながら購入に至る商品	電化製品・家具・パソコンなど	・ 広告の対象者は狭い ・ 必要に応じた商品情報の提供
最寄り品	それほど商品情報を求めずに、頻繁に購入をする商品	洗剤・日用雑貨品・食品・文具など	・ 広告の対象者は広い ・ 継続的な広告情報の提供
専門品	購入時や使用時に専門的な知識が必要となる商品	オーディオ・楽器・金融商品など	・ 広告の対象者はより狭い ・ 継続的な専門情報の提供

▶ 商品特長（What）の例 図表24-5

事例A：シニア向けコンタクトレンズ

- シニア世代向け遠近両用コンタクト。遠くでも近くても目が疲れにくい酸素透過率の高さ
- 特許取得、技術訴求、価格を乱視用程度に抑えたリーズナブルな価格設定
- シニア向きなのに明るく若々しいパッケージ
- 競合商品：A社とB社。技術面で自社が有利

事例B：高機能トースター

- 特殊な熱源を使って食品の水分を逃さずに焼き上げる高機能トースター
- 特許取得済み、価格は一般のトースターと比較して高額であるが、外はカリッと中はふわっと焼きあがるため、今までにない上質な味覚を楽しむことができる
- 競合商品：C社とD社。価格帯は似ているが加熱方法がそれぞれ異なっている独自のカテゴリーとなっている

◯ 広告を見てほしい「ターゲット像(Who)」を定める

その商品をぜひ使ってほしい人、実際に買いそうな人、使ってみたいと考えそうな人、などを考えながら、「広告を見てほしいターゲット像(Who)」を考えていきます。ターゲット像を考える方法には、年齢や性別、職業、年収などの人口統計的な属性（デモグラフィック）から考えていく方法や、ライフスタイルや価値観、趣味や嗜好など心理的な属性（サイコグ

ラフィック）から考えていく方法、その両方を組み合わせていく方法などがあります。

注意が必要なのは、子供向けの学習教材など、利用者と購入者が異なるケースがあることです。このため、商品の利用者と広告ターゲットはそれぞれ別なものであると意識しておくほうが一般的です。

▶ 広告ターゲット像と利用者 図表24-6

商品

塾より安いし、うちの子も続けられそう

楽しそう！

購入者（親）　利用者（小学生）

広告ターゲットと商品の利用者は必ずしも一致しません。

▶ 施策整理(Who)の例 図表24-7

事例A：シニア向けコンタクトレンズ

- 40〜60歳の男女。今までコンタクトレンズを使用してきたが、最近は近視用のレンズでは見づらいときがある。メガネにはしたくないし、まだまだファッションにもこだわりたい。シニアグラスはまだ使いたくない
- 世帯年収は若干高め

事例B：高機能トースター

- ハイクオリティな生活を求める都会派ファミリー層。普段は忙しく夕食は外食が多い。朝食もシリアルなどで済ましてしまうことがあるが、休日の朝食はゆっくりとリッチに過ごしたいと考えている。電化製品については積極に取り入れて豊かな生活を目指していきたいと考えている
- 30代独身女性、50代ファミリー層などがターゲット

○「どう伝えるか(How)」は、消費者のモチベーションから

商品のアピールポイントを「どうやって訴求していくのか(How)」についてもあらかじめ整理をしておきます。

さきに商品の特徴(What)と訴求対象(Who)を整理しましたが、訴求対象である
ターゲット消費者はどのようなニーズを持ち商品のどこに魅力を感じるのか、どのようなアプローチをすれば購入への動機づけとなるのかを検討していきます。

▶ 同じ製品でも伝え方はさまざま 図表24-8

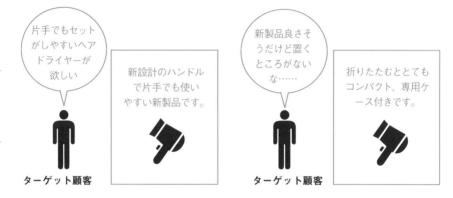

▶ 広告手法(How)の例 図表24-9

事例A：シニア向けコンタクトレンズ

- 低価格訴求ではなく、品質訴求。広告でも店頭でも価格訴求は行わず、品質からのブランド指名をされるようなキャンペーン展開にしたい
- テレビCMではアクティブかつファッショナブルなタレント+イメージ訴求
- 雑誌では、ハイグレードなファッション雑誌やビジネス誌を選定して展開
- ネットでは「トライアルクーポン」の配布をメインとし、店頭への誘引を図る

事例B：高機能トースター

- 広告のみならず、豊かなライフスタイルとは何か、大切な時間とは何かといった生活提案の中から新しいカテゴリーのトースターを訴求していきたい
- 独自の特許を取った熱源であることを訴求
- ターゲットはデジタル世代でもあり、テレビ中心のキャンペーンではなく、ブランドサイトやファッション系サイトを中心にライフスタイル提案を実施。食通として知られる女性モデルを起用予定

● 「いつ出稿するか(When)」は、消費者のニーズから

出稿の時期は、消費者ニーズの考察から検討してみましょう。まず、ニーズの発生時期は、季節要因から考えていく方法があります。小売店では下図のようなシーズンカレンダーで消費者の購買パターンを考察し、年間の店舗展開を企画しています 図表24-10 。このような考え方で、販売強化時期や需要期を整理しつつ、広告出稿の時期や内容を検討できます。

またサイクルごとの要因も考えられます。1カ月をひとつのサイクルと考え、月初めの需要、月末の需要を検討するケースや、もっと細かく1日をひとつのサイクルと考え、「通勤時のアプローチ」「昼休みのアプローチ」「夜寝る直前でアプローチ」と、より細かくニーズを捉えることもできるでしょう。

これに加え、デジタル広告では消費者の閲覧しているサイトや、スマートフォンの位置情報を活用した広告の配信も可能です。時間帯や今いる場所など、シチュエーションにおける消費者ニーズを考えて出稿時期を決めることも必要になってきました。

▶ シーズンカレンダー 図表24-10

	スプリングシーズン		
	2月	3月	4月
社会・行事・季節暦	節分（3日）	ひな祭り（3日）	新入学
	立春（4日）	ホワイトデー（14日）	入社式
	バレンタインデー（14日）	卒業式・謝恩会	ゴールデンウィーク（28日）
購入モチベーション	春物リサーチ	春向け通勤用ベーシック	GWリゾートレジャーリサーチ
	冬物バーゲンニーズ	学生向け春物カジュアル	初夏向け通勤ベーシック
開催キャンペーン・フェア	フレッシュマンキャンペーン		GWリゾートフェア
売場での注力商品	バレンタインコレクション	ホワイトデーコレクション	サマーコレクション
提案フェーズ	春物商品（ビジネス）		初夏・レジャー
実売フェーズ	春物商品	春物商品（カジュアル）	春・夏物（ビジネス）
売り切りフェーズ	冬物商品（最終処分）	春物商品（カジュアル）	

事例A：シニア向けコンタクトレンズ

- 冬に新発売。ボーナスシーズン、並びに年末年始の旅行などでコンタクトレンズのトライアル需要を喚起したい
- まず、マス広告的な大量出稿を行いながら商品名の認知をアップさせ、その後ターゲットを細かく絞り込んだ雑誌やスポーツ系サイトを使って理解度アップの施策を行っていく

事例B：高機能トースター

- 秋にデザインのみのマイナーチェンジを行う
- 季節に合わせたグルメ素材を使った訴求内容で休日のゆったりブランチを提案
- イースターイベントに合わせて調理動画サイトとタイアップしたアプリを開発し配布
- 作成した料理を投稿してもらうソーシャルプロモーションを実施しトレンドを作りたい

👍ワンポイント　複数メディアでミスマッチがないように

複数のメディアを活用する場合には、個別の訴求内容や表現方法はメディアのカラーにある程度合わせていくものの、クリエイティブの世界観（トーン&マナー）や戦略はキャンペーン全体と連携が取れたものにしていく必要があります。

消費者は多くのメディアに接触しています。同一のブランドや商品であるのに、見たサイトごとに商品のイメージや雰囲気がバラバラになってしまうと消費者は混乱してしまい、かえってマイナスの効果になってしまいます。

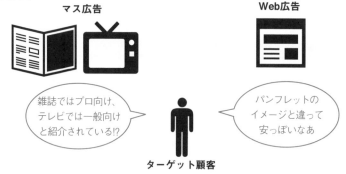

広告との接点（Where）は、消費者の行動理解から

どのメディアに広告を出稿するのかについては、広告ターゲットの行動理解が不可欠です 図表24-12 。Web媒体だけでも数多くのサイトがあり、読者がサイトを訪れる目的や意識も違っています。

また、メディアプランを作成するときには、読者はどんなときにどのメディアを訪問しているのかを理解してメディア選定す

る必要があります。広告出稿メディアの候補が固まってきたら、メディアデータ（106ページ参照）を使って読者のデモグラフィックデータ、サイコグラフィックデータを調べ、それぞれのメディアの読者が今回ターゲットとする消費者像と合致しているかも確認していくようにしましょう。

▶ 広告ターゲット顧客のメディア行動の把握 図表24-12

旅行系サイト
はよく見る

ニュースは専ら
スマホアプリで

新聞は取って
いない

ターゲット顧客

必ず観るテレビ
ドラマがある

ファッション誌
をたまに買う

▶ コンタクトポイント（Where）の例 図表24-13

事例A：シニア向けコンタクトレンズ

- TV・雑誌、インターネット、スマートフォン、店頭などに加えて、ファッションブランドやスポーツジムとのタイアップ施策を実施。ショップや施設でのトライアルクーポン提供キャンペーンを同時並行して実施していく

事例B：高機能トースター

- グルメ・調理系サイト、画像投稿サイト、スマートフォンアプリ、店頭の実演などが中心
- 特にソーシャル内での画像投稿からの評判作りに力を入れる

メディアプランのための前提整理は、しっかりと文書にし、関係部署や協力会社と共有します。チーム全員が同じ認識の下で業務を進めて行くことが大切です。

[顧客ステータスとアプローチ方法]

25 顧客のステータス別にアプローチ方法を考えよう

このレッスンのポイント

「顧客のステータス」とは、消費者が過去にその商品を購入したかどうかを基準に、消費者の商品に対しての向き合い方を、企業側視点で整理したものです。このステータスを前提に、マーケティングアプローチを考えていきます。

◯ 顧客の5つのステータス

まず、顧客の状態を5つのステータスに分けて整理してみましょう。

「顧客」とは、すでにその商品やサービスを購入し利用している消費者のことをいいます。顧客の中で、初めて購入した人を新規顧客、以前から購入を継続している人を既存顧客、以前は継続して利用していたけど最近は購入（利用）していない人を休眠顧客と呼びます。

一方、これから顧客になる可能性が高い人のことを「見込み客」といいます。その中でも、購入する必要に迫られている（「ニーズ」が高い）見込み客を顕在顧客と呼び、購入する可能性はあるもののまだ必要な状況になっていない（「ニーズ」が低い）見込み客を潜在顧客と呼びます。

▶ 5つの顧客ステータス 図表25-1

前は買ってたけど最近は買ってない	よく買う	初めて買った		買わなきゃいけないけどどれにしよう	今はいらない
休眠顧客	既存顧客	新規顧客		顕在顧客	潜在顧客
	顧客			見込み客	

本来「ニーズ」とは心理的な要因を指す。ニーズが生まれると製品について調べたりと行動に表れることが多いが、行動が必ずしもニーズの高さを示すとは限らないため、外部から見分けることは非常に難しい。

● 顧客ステータス別の優先順位と基本的な取り組み方

プロモーションの企画内容は、「顧客の課題を解決するタイプ」「顧客のモチベーションする刺激タイプ」「消費そのものを活性化させてエンゲージメントを高めるタイプ」の3通りで考えるのが基本です。原則として、「売上がない状態を売上がある状態にする」という目的に沿ってプロモーションを行います。

その場合、優先度が高い顧客のひとつが、見込み客のうちの「顕在顧客」です。顕在顧客は、すでに購入する何らかの理由を持っておりニーズが高いのが特徴です。このステータスの顧客には「課題解決型」のプロモーションがよく使われます。

一方、「潜在顧客」には、購入の理由から提案する「モチベーション刺激型」でアプローチするのが適しています。

また、すでに購入経験のある顧客には、どうやって今後も購入を継続してもらうのか、どうすれば自社のほかの商品も購入してもらうようにすることが課題でしょう。顧客のうちの休眠顧客は、何らかの理由で購入を止めているわけですから、購入を止めている理由を調査して、その理由を取り除くオファーを提示すれば再び顧客になる可能性が高くなります。

このように、顧客ステータスごとにアプローチの方法は異なることを意識しながら、それぞれの手法について確認していきましょう。

▶ 顧客ステータス別アプローチの全体像 図表25-2

売上がない状態　　　売上がある状態　　　　　　　売上がない状態

課題解決型　　　エンゲージメント向上型　　　　課題解決型　　　モチベーション刺激型

休眠顧客　　　既存顧客　　　新規顧客　　　　顕在顧客　　　潜在顧客

顧客　　　　　　　　　　　　　見込み客

顧客のステータス別に異なるプロモーションを行う。このレッスンでは典型的な3つのプロモーションについて次ページから紹介する。

> プロモーションの成功しやすさからみて、顕在顧客はニーズを意識しているため、最も優先度が高くなります。

○ 顕在顧客と休眠顧客向けの「課題解決型プロモーション」

課題解決型プロモーションは、すでに購入モチベーションがあり、買うとすれば何がいいのかをいろいろ調べて比較検討している人を対象にしたアプローチです。顧客の課題や悩み、ニーズはさまざまですが、プロモーションする商品が自分の課題や悩みを解決してくれると的確に伝われば、興味を引くことはできますし、比較検討の俎上にのれば購入に一歩近づきます。このようなニーズが顕在化した顧客に向けた施策は施策開始から販売までの時間も短く、短期間でセールス拡大したいときにふさわしい施策です。

また、休眠顧客に対しては、より深くニーズを理解したうえで課題解決提案する必要があります。休眠顧客は「ニーズがなくなった」か「新たなニーズが発生した」などの理由で購入を中止したと考えられ、顕在顧客と同じプロモーションではそのニーズに応えることはできません。

▶ 売上がない顧客を売上がある顧客へシフト 図表25-3

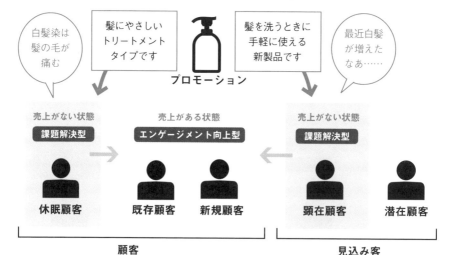

🔄 事例研究　　白髪染め製品のプロモーションメッセージ

仮に消費者が「白髪が増えてきたな」と感じても実際の行動はさまざまです。ヘアスタイルを変える人もいれば、育毛を考える人もいます。また、白髪を染めようとする場合も、脱色剤を使いながら髪を染めるヘアカラーから、染毛剤だけのもの、塗るだけの白髪隠しタイプなどがあり、それぞれにメリット・デメリットがあります。その中で、「どのようなメッセージ訴求が消費者の納得感を生み、行動の後押しをするのか」を見極めましょう。

○ 潜在顧客向けの「モチベーション刺激型プロモーション」

一方、今はその気があまりない見込み客に対しては「ニーズを掘り起こす」といったアプローチが使われます。「その人がまだ気づいていない課題を指摘する」「思ってもみなかった使い方を提案する」というプロモーションによって、潜在顧客の「今まで必要とは思っていなかったけど、なんだか欲しくなってきた」といったニーズを掘り起こし、マーケット全体を広げていくアプローチです。新しいカテゴ

リーの商品の場合には、ニーズを喚起してカテゴリーそのものを認識してもらい、マーケットを作っていく必要があります。また高額商品やプレミアムブランドに対して、「今は無理だが将来ぜひ使ってみたい」「買うなら絶対これ！」といった潜在的なファンを作っていくという考え方もこのタイプのプロモーションであるといえます。

▶ 潜在顧客を顕在顧客へシフト 図表25-4

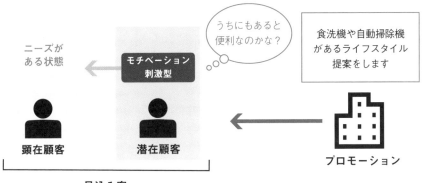

🔄 事例研究　食洗機や自動掃除機のプロモーション

最近普及しはじめている家電製品に、自動食器洗い機やロボット掃除機があります。両方とも、以前は贅沢品といわれていましたが、食器洗い機のケースでは、節水効果や家事時間の短縮といった要素が訴求されています。今まで気づかなかったメリットを訴求する

ことによって、食器を手洗いしていたターゲット層に対して、自然環境に配慮しながら趣味などを楽しむ新しいライフスタイルを提案し、新しいニーズやモチベーションを刺激しながらマーケットの拡大を図っていったのです。

○ 既存顧客向けの「エンゲージメント向上型プロモーション」

すでに顧客となっている人たちに対して、より多くの自社製品の購入を促すような手法をエンゲージメント向上型プロモーションといいます。エンゲージメント向上型プロモーションの代表的な考え方として、アップセルとクロスセルがあります。

「アップセル」は、現在保有している商品（あるいは、購入しようとしている商品）より高額の商品の購入をすすめることです。また、「クロスセル」とは、購入した商品に関係のある商品やサービスをあわせて購入することをすすめることです。

▶ 既存顧客を「優良顧客」に育てる 図表25-5

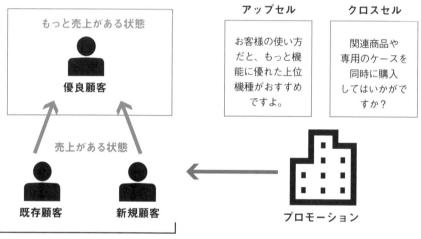

🔄 事例研究　　コンパクトカメラにおけるアップセル・クロスセル

コンパクトカメラの例で考えてみましょう。この場合のアップセルとは、コンパクトカメラを所有している消費者に対して、高機能なデジタルカメラやミラーレス、一眼レフカメラなどを紹介していくことです。現在所有しているカメラとより高機能な（あるいは新しいモデルの）カメラの違いを説明し、消費者のちょっとした不満やニーズを引き出しなが

ら、セールスを進めていきます。
クロスセルでは、やはり現状の不満やニーズを引き出しながら、より容量の大きなメモリーカード、カメラバッグ、三脚などの周辺機器の推奨販売を行っていきます。他に、撮影会や撮影ノウハウに関するセミナー開催、関連書籍の推奨などの、商品の利用頻度を高めるイベントを開催することも有効です。

● 最も難しいのは「6つ目」の顧客ステータス

顧客ステータス別アプローチで最も難しいのが、先の図では紹介していない6つ目の顧客。それは、「競業他社利用客」です。特に、競合他社製品を利用していて十分に満足している場合には、消費者に商品の乗り換え（ブランドスイッチ）を促すのは非常に難しいといえます。

ただし、もし使用中の製品に対して満足しておらず、どのような点が不満なのかがわかれば（価格、機能、デザイン、購入方法など）、その課題を解決するメッセージを伝えることによって自社製品への切り替えを促すことが可能です。

▶ 競合他社利用客は6つ目の顧客ステータス 図表25-6

ずっと使ってはいるけれど、不満はあるんだよね

**競合他社
利用客**

既存顧客　　　　**新規顧客**

自社の顧客

以上のように、プロモーション企画の優先度を考えたり、具体的なメッセージを考えたりするためには、顧客ステータスの分類が非常に役立ちます。

26 ペルソナで顧客のインサイトを 深掘りし共通認識を持とう

このレッスンの
ポイント

ペルソナとは、消費行動を仮定した架空の人物像です。どのようなメディアに接触しているか、どのようなデザインを好むか、どのような悩みを持っているのか、といった仮説を立て、具体的なアプローチを考えていきます。

○ 顧客へのアプローチを考えるためのペルソナ

どんなにこちら側が「買ってください」といっても、顧客の側に理由がないと買ってもらえません。もし買おうと思う理由がわかれば販売やセールスをするほうは苦労しないのですが、実は買う理由は買う人それぞれ個別にあり、なかなか特定することはできません。

しかし、実際に購入する人を想定してその理由を考え、特徴付けをしていけば「どのような人が買うのか」「どんなときだったら買ってくれるのか」という仮説が細かく立てられます。

この人物モデルがペルソナです。最も顧客らしいと思える理想の顧客をペルソナとして想定し、その人がなぜその商品を買うのか、その商品に何を期待しているのか、その商品を買うこと、使うことによってその人はどうなりたいのかを深く考えていきます。

このように、具体的な人物像を作り上げることで顧客の想い（インサイト）を深く探っていけば、広告ターゲット像が次第に明確になっていきます。

👆 ワンポイント 観察を通じてリアリティを追求しよう

ペルソナを作成するときに、「朝、通勤電車の中でニュースをチェックする」といった、自分自身の過去の経験からくる要素が入りこむ場合があります。このとき自分自身の行動や考え方を参考にするのではなく、顧客を観察したり、顧客情報やトレンドといった客観的な情報をベースにしてペルソナとする人物のリアリティを追求していくようにしましょう。

○ インサイトを深堀りするペルソナの作り方

顧客のインサイトを深く探っていく方法を、ペルソナを作る3つのステップで考えていきましょう。

まず、既存顧客に関する情報を集め、それらの情報を使って顧客像を具体的にしていきます。デモグラフィック情報やサイコグラフィック情報をはじめ、社会信条や行動判断の基準などを言葉にしていきながら、最も顧客としてふさわしいと思われる架空の人（BtoBの場合には企業）を想定していきます。

最後に、集めた情報と理想的な顧客像を使って物語を作ってみます。1日の行動を追ってみたり、1カ月の行動を追ってみたりしていく中で、どんなときに商品を買おうと思うのか、買うときに気にすることは何か、などを考えていきます。

▶ ペルソナを作るための3つのステップ 図表26-1

STEP 1 情報を集める

- 既存顧客の情報やインタビュー、調査データ
- 最も顧客としてふさわしい人を想定してみる
- 対象者が好きなこと、嫌いなこと、悩んでいること

STEP 2 特徴付けする

- こだわっていること
- 社会信条を考える
- 行動判断の基準
- デモグラフィック的な特徴付け
- サイコグラフィック的な特徴付け

STEP 3 物語を作る

- 1日の行動を追って、主人公の物語を作ってみる
- 何が起きたら商品を購入するか動機や心理変化を考える
- 購入モチベーションを考える

NEXT PAGE →

購入者のペルソナ

旅行とアウトドアが好きなアクティブなOL

名　　前：田中麻衣子/ 年齢：27歳（独身）
　　　　　1994年6月19日　B型　福岡県出身
住　　所：東京都杉並区ワンルームマンション
　　　　　賃貸
学　　歴：都内大卒（文学部）
家　　族：福岡に両親が住んでいる。弟も昨年か
　　　　　ら社会人になり都内に住んでいる。
勤務先：外資系文具メーカー総務部/新卒で入
　　　　　社し今年で5年目 年収：410万円
趣　　味：旅行、料理、ロードサイクル、学生時代
　　　　　はスノーボード

ストーリー：
わりと気さくな性格で会社の飲み会にもよく参加する。参加する回数が多
いので、幹事などを押し付けられてしまうこともあるが、新しいお店を探
すのが楽しいのでそれほど苦には感じていない。半年くらい前に友人の紹
介で仲良くなった男性と頻繁に食事や映画などに行くようになった。
将来は仕事と家庭を両立させたいと考えているが、まだまだ仕事のほうが
楽しい。最近、友人にすすめられた自転車にはまりつつあり、休日に遠出を
することも多くなってきた。6カ月前に初心者用の自転車を買ったばかり
なのに、すでにもう少し高級で軽いものが欲しくなってきている。貯金は
毎月定額を貯めているが、昨年の夏にタイに旅行に行ってちょっと減って
しまった。でも今年の夏も沖縄か北海道に行きたいと考えている。

買う行動をなるべく具体的にイメージする
ために、商品と直接は関係がないようなス
トーリーも書きます。

[広告表現のテクニック]

27 消費者に受け取ってもらえる 広告メッセージを考えよう

**このレッスンの
ポイント**

現在は、自分とは無関係な情報はどんどん「スルー」されてしまいます。広告がスルーされないためには、どうすれば印象に残るのか、広告内容を自分のこととして受け取ってもらえるのかを十分に検討していく必要があります。

◯ 自分のことじゃないと見向いてはもらえない

私たちが受け取る情報量は爆発的に増えており、そのほとんどは処理しきれずに流れ去ってしまうといわれています。インパクトのある広告が一時的に話題になったり、印象に残ったりしても、「自分には関係がない」と判断されてしまうと次の瞬間には忘れ去られてしまいます。

そこで最も重要なのは「これは私のこと

を言っている！」「私が欲しかったモノはまさにこれ！」と思ってもらえるように、的確にターゲットに伝わるメッセージです。つまり、「自分ごと」として捉えてもらえるメッセージです。さまざまなクリエイティブは、ターゲットに自分ごとと捉えてもらうために行う手段であり、仕掛け作りなのだといえます。

▶ 自分ごとにさせるためのメッセージづくり 図表27-1

面白い広告だけど、私には関係がない話だな……

この広告、私みたいな人向けかも……？

自分ごとでないとき　　　　　　　　　　**自分ごとになったとき**

広告のクリエイティブは、どれも商品特徴や訴求ポイント、ターゲット、デザインなど十分に検討しつくされたものばかりです。多くの広告を参考にその狙いを分析してみると、ここでの分類以外の切り口も見つかることでしょう。

● クリエイティブ表現でよく使われる5つの方法

広告のクリエイティブには、たくさんのクリエイターがアイデアや想いをつぎ込んだ素晴らしい表現が数多くあります。広告のターゲットを設定し、商品の特徴を十分に考え抜き、アイデアを絞ることで広告クリエイティブはより大きな力を持つことができます。

一見すべてがオリジナルのように見えるクリエイティブも、メッセージを伝える手法として分類することができます。過去のクリエイティブの事例から、よく使われる手法を分類して知っておくことも非常に役に立つことでしょう。

▶ **数値を使う** 図表27-2

数字は意味が最も理解しやすいもののひとつ。実際の金額や割引率といった具体的な数値を使うと、イメージしやすくインパクトがあり覚えてもらいやすくなります。ただし、数値には根拠が求められるので注意も必要です。

> 例：
> 「20%OFF！ 980円でご提供！」
> 「一皿100円（税込）〜」

▶ **比較する** 図表27-3

価格や機能、サイズを比較する手法もよく使われます。他社の商品と自社の旧製品とを比較するケースもあれば、大きさや重さ伝えるためにまったく異なる比較対象を使うこともあります。比較対象がターゲットにとって身近なものであれば、広告商品の特徴をイメージしやすくなるでしょう。

> 例：
> 「ジャストカードサイズ」「手のひらサイズ」「1日あたりコーヒー1杯分」「重さが今までの半分」「パッケージが半分になったのに、使える回数は今までと一緒」

▶ メタファー（比喩）を使う 図表27-4

商品の特徴を別なものに例えて表現する手法。消費者にとって身近なものや、イメージしやすいものに例えると商品特長の理解がしやすくなります。

> 例：
> 「マシュマロの柔らかさ」「鋼の守り」
> 「高原のさわやかさ」

▶ 権威や引用を使う 図表27-5

タレントやスポーツ選手、大学教授や医者などの専門家を使った表現は、消費者としてもそのメッセージを受け入れやすくなります。また、自分に似ている一般の人が実体験としてすすめる場合でも、自分ごととして受け入れてもらいやすくなります。

> 例：
> 「有名モデルも使っている」「歯医者さんのおすすめ」「○○賞を受賞」

▶ 非現実的に言う 図表27-6

消費者にインパクトを与えたい場合に、あえて極端に表現する場合もあります。実際にはありえないことであるのについつい見てしまう、気になってしまう、という表現方法です。

> 例：
> 「全米が泣いた！」「今世紀最大の衝撃！」

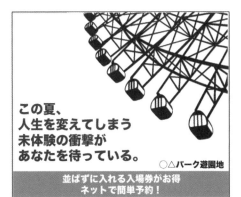

○「良いクリエイティブ」を検証するための6つの原則

誰にでも、記憶に残っている広告やキャンペーンがあるでしょう。マーケターとして広告の送り側であれば、「なぜあの広告は記憶に残ったのか」、その理由を自分なりに分析する習慣をつけましょう。思わず楽しくなる音楽、インパクトのある映像、衝撃的なキャッチコピー、かわいい子供や動物の赤ちゃんなどさまざまな理由があることでしょう。

次に、なぜその手法が使われたか理由を考えます。なぜその音楽になったのか、なぜ動物が使われ、それに自分の目や心が奪われたのか自分なりに推測し、分析することはとても重要です。なぜなら、そうすることによってしかクリエイティブの善し悪しを経験則的に身に着けることはできないからです。

スタンフォード大学のチップ・ハース教授が提唱する「SUCCESsの原則」によると、記憶に残る広告は、**図表27-7**の6つのうちいずれか、または複数の要素を持ち合わせているといわれます。この原則を知っていると、プロモーションや広告メッセージを作るときに「どれに当てはまるか」を検証することで、方向性を踏み誤っていないか、確認することもできます。

▶ SUCCESsの原則とは **図表27-7**

原則1. 単純明快である
余分な情報をすべてそぎ落として、特徴やセールスポイントを絞り込んだメッセージ。

原則2. 意外性がある
「そうだったのか？」と自分の見方を変えるような意外性があるメッセージ。今までと同じような変哲のないものは覚えてもらえない。

原則3. 具体的である
単純明快であって意外性があっても、自分とかけ離れたもので夢物語すぎてもダメ。より具体的なメッセージが必要。

原則4. 信頼性がある
嘘っぽいものや信頼性に欠けるものは、そもそも受け入れてもらえない。

原則5. 感情に訴えかける
合理性や機能性に訴えかけるばかりではなく、美しさ、可愛らしさ、愛おしさなどの感情に訴えかけるようなメッセージ。

原則6. 物語性がある
唐突に出現するものよりも、必然性の感じられるメッセージ。世の中に出るまでの開発ストーリーなども心をひきつける要素になる。

28 ネット広告の種類と特徴を理解しよう

このレッスンの
ポイント

このレッスンではネット広告の基本的なメニューの種類とその特徴をざっくりと理解しましょう。そのうえで、効果的な広告メニューや手法はどういうものなのかを目的別に考えていきます。

Chapter 3

ブランド訴求から販促までネット広告を広く活用しよう

⬤ ネット広告のさまざまな広告メニューと特徴

ネット広告には広告フォーマット、取引手法、契約形態によっていろいろな分類があります。広告フォーマットによる分類では一般に、「ディスプレイ広告」「リスティング広告」「メール広告」「動画広告」の4つに分類されています 図表28-1 。

それぞれの広告によって特徴があり、目的と予算に合わせて的確なメニューを選ぶことが大切です。幅広い人たちに対して認知を促したいときはディスプレイ広告や動画広告を利用することが多く、対象を限定しより詳しい情報を伝えるときにはメール広告やリスティング広告が適しているといえます 図表28-2 。

また、広告を申し込む際に、あらかじめ掲載期間や掲載日、掲載メディアや掲載量を定めて広告申し込みを行う「予約型広告」と、掲載しながら目的に合わせて掲載メディアや掲載条件を変えていく「運用型広告」があります。

さらに、広告申し込みの際には、掲載期間を保証する「期間保証型」、掲載量を保証する「インプレッション保証型」、クリック数を保証する「クリック保証型」、1クリックあたりで課金を行っていく「クリック課金型」などがあります（108ページ参照）。

▶ ネット広告の分類方法 図表28-1

広告フォーマットによる分類	取引手法による分類	契約形態による分類
ディスプレイ広告 リスティング広告 メール広告 動画広告	予約型広告（純広告） 運用型広告	期間保証型 インプレッション保証型 クリック保証型 クリック課金型 成果報酬型

広告の種類	概要	対象となる顧客ステータス	費用
ディスプレイ広告	Webサイトやアプリの広告枠に表示する、画像（動画）やテキスト形式の広告	・幅広い顧客層に対応 ・認知向上や潜在ニーズの掘り起こし	比較的予算が高額。低額からはじめられるメニューもあるが、広告配信量によって価格が大きく異なり、数千万円単位の費用が必要となる場合もある
リスティング広告	検索キーワードやコンテンツに連動して表示されるテキスト、画像（動画）形式の広告	・顕在顧客層、既存顧客層 ・顧客のニーズに対応	比較的低額から実施可能。出稿キーワードにより費用が異なるため、人気のキーワードや多数のキーワードに出稿しようとすると費用がかさむ
メール広告	電子メールの中に表示されるテキスト、画像形式の広告	・潜在顧客、顕在顧客、既存顧客 ・日常的に情報を求める消費者ニーズに対応	比較的低額から実施が可能。メディアや配信メール数によって価格が異なる
動画広告	動画ファイル形式（映像・音声）の広告	・幅広い顧客層に対応 ・認知向上や潜在ニーズの掘り起こし	比較的高額な予算を必要とする。広告配信量によって価格が大きく異なる

◯ 広告枠に表示される「ディスプレイ広告」

Webサイトやアプリの広告枠に表示する、画像（動画）やテキスト形式の広告です。幅広い層に対して商品やブランドの告知をし、認知を促すことによって興味や関心を喚起したいときに使います。

メディア系サイトの右脇などに表示される広告や、ブログなどの記事の間に表示される広告がこれにあたります。

スマートフォンのアプリ広告は、操作画面に常時表示されるものや、アプリの起動時やゲームリセット時に画面全体に表示されるもの等があります。

▶ ディスプレイ広告の例 図表28-3

画面内の特定のスペースに表示される。

> ネット広告の中で最もオーソドックスな広告スタイルです。サイズやクリエイティブ手法、配信技術は日々進化し続け、今も人気のあるメニューです。

● 検索結果に表示される「リスティング広告」

リスティング広告は、検索サイト内で検索結果とともに表示される広告です。検索キーワードに連動して広告を表示できるため、製品やサービスに関心を持っている可能性の高いユーザーに広告を表示することができます。

代表的なものはGoogle広告とYahoo! 広告（検索広告）です。

消費者の興味や趣向、ニーズに合致した広告情報を提供するケースが多いといえます。

▶ **リスティング広告の例** 図表28-4

検索キーワードに連動して表示される広告で、「広告」と明記されている。

● 訴求対象者にメールで直接届く「メール広告」

メール広告は、電子メールの中に表示されるテキスト形式もしくは画像形式の広告です。メルマガやニュースなどのメール配信の中で表示するものもあれば、メール全体が広告になっているケースがあります。メールマガジンの中に掲載される広告をメールマガジン型、メール全部が広告になっているものをダイレクトメール（DM）型といいます。

対象を細かく設定し、かつ多量に配信を行うときにはメール広告を使うのが向いています。

▶ **メール広告の例** 図表28-5

HTML形式のメールでは画像も表示できる。

開封されなければ見られないというデメリットもありますが、ターゲットのメールアドレスに直接届くのが大きな特徴です。

NEXT PAGE →

動きのインパクトで認知を高める「動画広告」

動画形式の広告です。映像を使い、コマーシャルフィルムのような広告をインターネット上で配信できます。一番わかりやすい例がYouTubeで挿入される動画広告です。本編動画の前後または途中に配信するインストリーム広告と、その他のWebメディア上などの広告枠を活用するアウトストリーム広告があります。動画広告も、一般的には幅広い人たちに対し商品やブランドの認知を高め、関心を持ってほしい場合に利用します。

▶ **動画広告の例** 図表28-6

YouTubeのビデオを再生する前や再生中には動画広告が表示されることが多い。

その他のネット広告

ネット広告には、以上の4つのほかにもさまざまな手法があります。近年では以下のような広告も登場してきています。

リッチメディア広告

さまざまな動きのある表現手法を使った広告をリッチメディア広告といいます。マウスオーバーやクリックの操作で広告スペースが拡大する「エキスパンド広告」や、Webブラウザの全面に一時的に表示する「フルスクリーン広告」などがあります。

タイアップ広告

メディアと協力し、商品の概要や使用シーンを説明紹介する記事風の広告をタイアップ広告といいます。編集の視点で読者に対して商品を紹介するので、読者には記事としての親和感を抱いたまま、自然に広告内容を理解してもらえるメリットがあります。

スポンサード広告

テレビにおける番組提供のように、メディアのある特定カテゴリーをスポンサード提供する手法です。スポンサード提供するページに広告スペースを設置するケースや記事として商品を紹介していくケースなど、さまざまなスタイルがあります。

ネイティブ広告

「広告は記事の邪魔になるもの」とするのではなく、フォーマットやデザインをメディアの記事に馴染ませることによって、読者のメディア体験を妨げることなく、自然な流れで企業メッセージを提供していこうとする新しい広告の概念です。

● それぞれの広告メニューをいつ使うべきか

図表28-7 は、キャンペーン目的によって「適している広告フォーマットは何か」を広告ターゲットの広さも同時に考慮しながら整理したものです。

通常、広告主が「消費者に興味関心を持ってもらいたい」と考えている段階では、まず認知を拡大しその商品への興味を引くキャンペーンを行います。その場合、ディスプレイ広告や、より強いインパクトや訴求力を持つ動画広告などで幅広い消費者に向けて出稿をする施策が基本となります。

「消費者にもっと商品の特長を理解してほしい」と考える段階では、興味を持った層に対しより詳しい説明を提供する施策が必要です。その場合はメディアに編集記事の作成を依頼する「編集タイアップ広告」などが有効です。

また、消費者が検索エンジンを使っていくつかの商品を調べながら購入に向けて比較検討しているときに自社製品を選んでもらうためには、リスティング広告が有効であると考えられます。

なお、ディスプレイ広告については、アドテクノロジー（Lesson 31参照）を活用することで、広いターゲットからセグメントしたターゲットまで柔軟に対応をすることができるため、非常に汎用性の高い広告フォーマットであるといえます。

▶ ネット広告の商品別特性 図表28-7

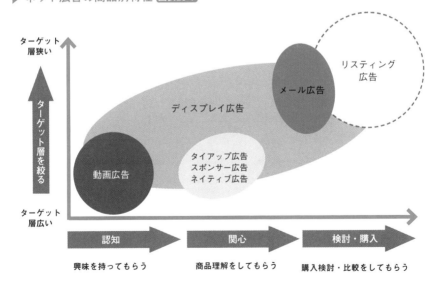

👍 ワンポイント　メディアの特徴はメディアデータを調べてみよう

それぞれのメディアがどのような読者に読まれているのかは、各社の発表しているメディアデータで知ることができます。メディアデータでは、そのサイトがどのくらい読者に読まれているのか（ページビューやアクセス頻度など）をはじめ、読者のプロフィールなどを確認することができます。それぞれのメディアのメディアデータを比較することによって、自分たちの顧客としようとしている人が読んでいるメディアなのかどうかを判断する参考になるでしょう。また、どのような広告やプロモーションがそのメディアで行われたかの広告事例を提供しているサイトも多く、ネット広告の活用を検討するときには役に立ちます。

▶ 代表的なメディアデータの例

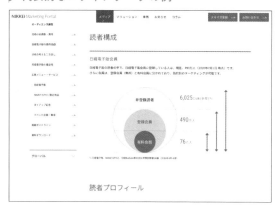

日経電子版のメディアデータ
https://marketing.nikkei.co.jp/media/web/audience/

Yahoo!公式ラーニングポータル
https://ads-promo.yahoo.co.jp/online/

Lesson　［ネット広告の出稿フロー］

29 ネット広告を出稿する流れを知っておこう

このレッスンの
ポイント

ネット広告を出稿しようとする際には、直接メディアに問い合わせるケースや広告会社を経由して問い合わせをするケースがあります。どちらの場合でも発注のルールや注意事項を十分に理解して進めるようにしましょう。

○ ネット広告の出稿フロー

一般にネット広告を出稿しようとする場合には、広告会社経由の出稿がメインとなります。一部の媒体社や運用型広告の場合には直接媒体社と取引をする場合もありますが、広告出稿に関しての知見が少ない場合には広告会社に依頼をしたほうがスムーズな広告出稿を行うことができるでしょう。

広告会社に広告出稿を依頼すると、広告会社はメディアレップと呼ばれるメディアプランニングや運用を行う専門会社とともにメディアプランを制作します 図表29-1 。

その際に、広告出稿に関する注意事項についても同時に確認をするようにしましょう 図表29-2 。

▶ デジタル広告受発注の流れ 図表29-1

▶ 事前に広告会社や媒体社と確認すべき事項 図表29-2

- 広告原稿の制作要綱やレギュレーション
- 申し込みから入稿・広告審査・掲載までのスケジュール
- 費用（媒体費、広告会社の手数料、広告制作費）
- 広告クリエイティブやキャンペーン内容についての注意事項
- 広告レポートの概要など

NEXT PAGE →

◯ ネット広告の料金体系

広告の料金体系には事前に広告金額の総額が決まる「予約型」と広告掲載後に金額が確定する「運用型」があります。実際の発注時には、どの料金体系になるのか、予算管理はどのように行われるのかなどをきちんと確認しておきましょう 図表29-3 。

また、予約型広告の場合（特に期間保証型）については、広告の掲載可能な枠数に限りがある場合があります。特に人気のメニューについては早めに広告枠が埋まってしまうことがあるので注意が必要です。

▶ ネット広告の料金体系と主なメニュー 図表29-3

タイプ	広告メニュー	特徴
予約型	期間保証型	1週間や1カ月など、ある一定期間を指定して広告を掲載するメニュー。ポータルサイトのトップページや特定カテゴリーのスポンサードなどに適用されているケースが多い
	インプレッション保証型	指定された期間に指定した広告出稿回数（インプレッション）を保証するメニュー
運用型	クリック課金型	1クリックごとに課金されるメニュー。以前はリスティング広告が中心であったが、現在ではディスプレイ広告や動画広告などさまざまな形態の広告でもこの料金体系が採用されている。企業の予算に合わせて管理をしながら掲載運用されている
	クリック保証型	一定の期間内に指定されたクリック数が保障される。期間あたりのクリック数は目安となるが、その期間に達成されない場合には、達成するまで掲載を続けるケースが多い
	成果報酬型	広告主のサイトでの販売数や申し込み数などに応じて費用が課金されるメニュー。アフィリエイトも含まれる

期間保証型は掲載期間は保証されてもインプレッション数は保証されません。クリック課金型は予算管理はされても、クリック数やインプレッション数は保証されません。このような特徴をよく理解して契約しましょう。

[メディアプランの作成手順]

30 メディアプランを作成してみよう

**このレッスンの
ポイント**

広告企画をメディアプランに落とし込む際には、掲載内容・趣旨、掲載時期・期間、予算配分を明確にして全体管理することが重要です。また複数のメディアで広告展開を行う場合は、全体のバランスを見ながら検討を進めましょう。

○ メディアプランニングとは

メディアプランとは、今まで検討してきた施策企画をもとに、実際にいつどこのメディアにどのくらいの量の広告を掲載するのかを具体的なアウトプットとしてまとめたものです。

メディアプランなしで場当たり的に広告を出稿しても、効果が単発で長続きせず、期待した通りの成果を出せずに残念な結果に終わってしまうことがよくあります。メディアプラン作成では、目的別にどの

メディアにどのような広告を掲載するのかの「掲載内容（アド）」、いつからいつまで掲載するのか、メディアの掲載順などの「掲載期間（スケジュール）」、どのメディアにどのくらいの広告量を振り分けるのかといった「予算配分（ポートフォリオ）」の3つをしっかりと押さえることで相乗的な効果を発揮させることも可能です。

▶ メディアプランの三要素 **図表30-1**

「掲載内容（アド）」
目的別にどのメディアにどのような訴求内容の広告を掲載するのか

**「掲載時期
（スケジュール）」**
掲載する時期と期間、メディアごとの掲載タイミングなど

**「予算配分
（ポートフォリオ）」**
どのメディアにどのくらいの広告量を振り分けるのか

メディアプランは、左の3点をおろそかにして作成することはできません。自社でなく広告会社に依頼する場合であっても、これらを明確にしてから取り組みましょう。

● ある自動車損害保険会社のメディアプラン作成手順例

架空の例を使い、メディアプランの作成手順を解説します。メディアプランの三要素に従って3ステップで説明します。
実際の作成にあたっては、広告会社とすり合わせを行いながら進めていくケースが多いと思われますが、特にStep 1については、広告主サイドで明確にしておく必要があります。

Step 1　掲載内容（アド）の確認

まず、掲載内容と趣旨を確認します。このステップは、これまでのレッスンで学んできたことのまとめの部分です。Lesson 24で学んだ5W1Hを活用してみましょう。
以下の表をもとに、今回の広告ターゲットはどのようなメディア接触しているのかを検討します 図表30-2 。今回のキャンペーンでは保険の乗り換えを促進するのが施策目的ですから、「切り替え時期に来ているので今一番安い保険は何かを探している人」（顕在顧客）はインターネット上でどういう行動をしているのか、保険の切り替え時期ではない人（潜在顧客）は何をしているのかといった点を十分に考察することが重要です。また、今契約をしている既存顧客に対しても継続してアプローチをしていかないと、競合他社にとられてしまう可能性があります。
ひとつの例として以下の視点でメディア選定をする方針が立てられるでしょう 図表30-3 。

▶ メディアプランのための5W1H 図表30-2

5W1H	プラン内容
施策目的	コスト優位性を強調し、コスト意識の高い見込み客にアプローチ。既存保険から乗り換えを促進
商品特長	競合他社よりも保険料を抑えた低価格保険。運転者の年齢と走行距離を細かく設定することによって、保険料を細かく設定
広告ターゲット	コスト意識の高い中高年男性
手法	顕在顧客（＝保険の切り替え時期にあるユーザー）には価格を重視した広告訴求
	潜在顧客（＝まだ保険の切り替え時期にないユーザー）にはブランドを重視した広告訴求
	既存顧客（＝現在契約継続中のユーザー）には保険のオプションと継続特典キャンペーンを訴求
時期	商品の認知度をアップさせながら、保険切り替え時期の見込み客に対して厚めにアプローチを行う
コンタクトポイント	ネット販売が中心となるために、ネット広告（PC・スマートフォン）をメインとする

▶ メディア選定 図表30-3

顧客	選定メディア
潜在顧客	ポータルサイト、コスト意識の高い中高年男性向けニュースメディア、リスティング広告
顕在顧客	リスティング広告（検索連動型）、新車情報サイト、ダイレクトメールなど
既存顧客	ペイドメディアではなく、自社の会員向けメールメディアを活用

Step 2 掲載時期（スケジュール）の検討

次は、掲載時期と期間を検討します。この場合、出稿タイミングは顕在顧客の保険の切り替え時期にあるかがポイントです。保険に切り替え時期については個別ユーザーの状況を企業側で把握をすることが難しいので、「保険を調べる」という行動に対してリスティング広告（検索連動）を常時出稿し、「ユーザーが調べているときにアプローチをする」ことが理にかなっています。一方、潜在顧客には、新車情報などの車関連のサイトへの広告掲載や、コスト意識が高い中高年男性といったターゲットの属性を絞り込んでブランドメインの訴求することができるでしょう。あるいは、一般的な新車購入時期（ボーナスシーズンなどのシーズンモチベーション）に合わせた出稿も有効です。

▶ スケジュールの例 図表30-4

購入検討時期のピークのためコスト重視の訴求で展開

ボーナス時期に向けて新車買い換え需要を意識

対象顧客	サイトカテゴリー	選択理由	掲載時期						
			1月	2月	3月	4月	5月	6月	7月	8
潜在顧客	ポータルサイト	幅広い年齢層や顧客層に対してブランド訴求を行い商品の知名度を向上させる								
	ニュース系サイト	メディアデータより、中高年男性の含有率の高いメディアを設定。金融情報などコスト意識が高いと思われるページも検討								
顕在顧客	リスティング広告（検索連動型）	自動車保険に関する検索ワードを中心								
	新車情報サイト、	恒常的な車情報に合わせて低コスト保険を訴求								
	ダイレクトメール等	自動車、保険、金融に興味のある消費者をピックアップしてダイレクトメールを送信								
既存顧客	ペイドメディアではなく、自社の会員向けメールメディアを活用。									

顧客の検索行動やブランド訴求のため通年出稿

メディアプランの作成には、消費者、商品、広告メニュー、メディア、商習慣、トレンドといった幅広い領域に対する情報と理解が必要です。必要に応じて専門家のアドバイスも求めていきましょう。

NEXT PAGE →

Step 3　予算配分（ポートフォリオ）の作成

予算配分とは、どのメディアにいくら広告料を振り分けるかを検討することをいいます。それぞれの方針に合致した具体的なメディアや広告メニューをピックアップして一覧表にまとめ、施策の優先順位や予算規模、　期待する成果やKPI（Lesson 32参照）などから判断を行っていきます。

また、広告出稿とその成果については、期待通りに行かないことも当然あります。出稿プランは常にトライアンドエラーを念頭に、出稿後も定期的な進捗確認、KPIのチェックにより、プランの最適化を行っていく体制が重要です。

▶ ポートフォリオの例 図表30-5

【plan】株式会社ABC損害保険 御中
2017/2/3

サイト	メニュー	掲載期間	掲載開始	掲載量	単位	推定Click	推定CTR	推定掲載単価	推定Click単価	正規金額
<認知施策>										
Aポータル	ブランドパネル	5日間～1ヶ月間を自由設定	平日	6,250,000	imp保証	53,125	0.85%	¥0.80	94.11765	¥5,000,000
Bニュース	ニュースAD	5日間～1ヶ月間を自由設定	平日	2,000,003	imp保証	7,200	0.36%	¥0.25	¥69	¥500,000
C申情報	Standard Ads	1ヶ月	任意（平日推奨）	5,000,000	imp想定（CPM課金）	5,000	0.10%	¥1.00	¥1,000	¥5,000,000
Dサイト	Standard Ads	1ヶ月	任意（平日推奨）	7,142,857	imp想定（CPM課金）	8,571	0.12%	¥0.70	¥583	¥5,000,000
<商品理解（コスト訴求）>										
Eニュース	Standard Ads	1ヶ月	任意（平日推奨）	145,348,837	imp想定（CPC課金）	290,698	0.20%	¥0.17	¥86	¥25,000,000
F金融ニュース	Standard Ads	1週間	火曜日	1,000,000	imp保証	12,000	1.20%	¥1.00	¥83	¥1,000,000
G保険情報	Standard Ads	1週間	火曜日	1,000,000	imp保証	1,190	0.12%	¥1.50	¥1,261	¥1,500,000
Hサイト	Standard Ads	2週間	任意（平日推奨）	4,500	PV想定	1,800	40.00%	¥177.78	¥444	¥800,000
I車情報	Standard Ads	消化期間1～2日間	任意（平日推奨）	400,000	PV保証	4,000	1.00%	¥5.00	¥500	¥2,000,000
									合計金額	¥45,800,000

👍ワンポイント　RFP（Request for proposal：要件定義）の重要性

メディアプラン作成の作業は、最終段階に向かうほど広告業界における専門性の高い業務が多く発生してきます。そのため、Step 2とStep 3については広告会社に依頼をしたほうがスムーズに進むでしょう。

しかし、Step 1については広告主が明確に決めておく必要があります。広告を依頼する際に最も重要な要素です。Step 1が不明瞭なままでは広告会社としてもStep 2～3をうまく進めることはできません。

このStep 1は、一般的にはRFP（Request for proposal：要件定義）と呼ばれるものです。広告会社にRFPを提示することは、広告主としての最重要業務です。一方、Step2～3については広告会社からの提案を受けるというように、役割分担を基本に考えていきましょう。

31 ［アドサーバーを活用した広告配信］
ネット広告ならではの 広告配信の手法を見てみよう

このレッスンの ポイント

インターネット広告では、アドサーバーによってメディアコンテンツと広告の管理が切り離されました。さらにこの技術が独自に進化することで、ネット広告ならではのデータを活用した広告手法が登場しました。

◯ ネット広告はアドサーバーの仕組みで配信される

現在のネット広告は、Webページの情報と広告の情報が別々に管理されています。ブラウザでサイトにアクセスをすると、まずURLにあるWebページが呼び出されます。そのページには広告をリクエストするスクリプトが記述してあり、アドサーバーはそのリクエストに基づいてユーザーごとに最適な広告を配信しています。

ポータルサイトのトップページに出ているバナー広告を例にすると、同じ時間帯にアクセスしてもアクセスするユーザーのいる場所、過去に見たページなどにより表示される広告が違うのは、ページ毎に広告が配信されているという、まさにアドサーバーの仕組みによるものです。

▶ アドサーバーの仕組み 図表31-1

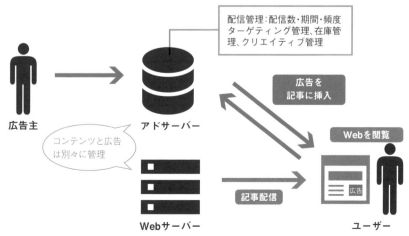

配信管理：配信数・期間・頻度
ターゲティング管理、在庫管理、クリエイティブ管理

広告を
記事に挿入

広告主

アドサーバー

コンテンツと広告
は別々に管理

Webを閲覧

Webサーバー

記事配信

広告

ユーザー

◉ メディアを横断した広告「アドネットワーク」

アドサーバーの機能が進化すると、アドサーバーは複数のメディアを横断して広告枠を管理することが可能になりました。これを「アドネットワーク」といい、さらにアドネットワークを相互連携させることによってアドネットワーク間の広告枠管理も可能になりました 図表31-2。そのため、広告主は、あるアドサーバーでは対応していない媒体にも広告が出稿できたり、数多くの出稿先へ同時配信したりすることも可能となったのです。

アドネットワークによって変わったのは、配信先の柔軟性だけではありません。アドサーバーは最適な広告枠を自動購入する仕組みがあるために、広告主は、以前

よりも的確な広告出稿が可能になりました。また、広告枠を販売している媒体社（メディア）にとっても、広告枠の在庫が極端に余ったり、品切れしてしまうリスクを下げ、より多くの広告を掲載できるようになりました。

もちろん、単に出稿と広告枠の販売を自動化しただけでは、ユーザーに最適な広告が出せません。アドサーバーのもうひとつの特長は、閲覧者に適した広告が配信されるように出し分けを行う技術があることです。Webブラウザを介してユーザーからは匿名情報として年齢や住居地域、閲覧履歴などを受け取り、その情報をもとに広告を出し分けています。

▶ アドネットワークを介した広告出稿 図表31-2

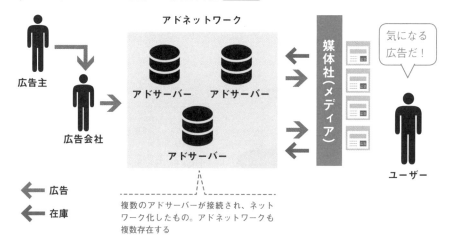

複数のアドサーバーが接続され、ネットワーク化したもの。アドネットワークも複数存在する

アドサーバーの登場とアドテクノロジーによって、ネット広告はマスメディアにできなかった多彩な広告出稿が可能になったのです。

● 一度持った興味を深めさせる「リターゲティング」

「リターゲティング」とは、「一度サイトに訪問した人に対して、もう一度そのサイトの広告を掲載する」ことです。一度持った興味を再訪によって深めてもらい、購入へのあと押しをしようとするときに活用されます。

リターゲティングを行うには事前準備が必要となります。まず、リターゲティングが行えるアドサーバーと契約し「サイト訪問者」を判別する「タグ」を受け取り、それを広告主側のサイトに設置します。このタグは、閲覧者が訪問した際にページ情報と一緒にクッキーという識別子情報をダウンロードさせます。このことを「タグ発火」と呼び、アドサーバーはこのクッキーを持っている人に対して指定された広告を表示させます 図表31-3 。もちろん、ひとつのアドサーバーの契約ではすべてのWebサイトに広告掲載することはできませんが、対応ネットワーク内では別サイトに行っても同じ広告が出てくることになります。リターゲティングは、そのサイトや商品への興味や関心が継続している場合には非常に効果が高い手法ですが、不快感を持たせるほどしつこく表示しすぎないなど、注意も必要です。

▶ リターゲティングの仕組み 図表31-3

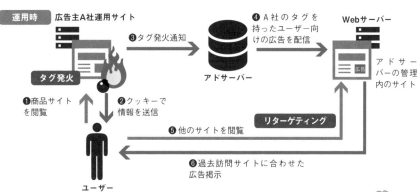

興味のある内容であっても、何度も同じ広告に接触すると広告体験の毀損につながります。さらにそれは Lesson 35 で解説するブランド毀損につながるので、配慮が必要です。

○ 広告を最適化して配信する「アドテクノロジー」

ネット広告は、アドサーバーの各種技術を使用することで高度な広告配信が可能になっており、それらを総じて「アドテクノロジー（アドテク）」と呼びます。アドテクを実現する技術には、アドサーバー以外にも各種の技術が存在します。

例えば、デジタル広告マーケットには、多くのアドネットワークが存在しますが、アドエクスチェンジはそのアドネットワークの間で広告在庫の相互管理を行うものです。SSP（Supply Side Platform）は、メディアやアドネットワークの立場に立って広告枠の管理と販売を行い、DSP（Demand Side Platform）は広告主の立場

から、目的に応じた広告枠の買い付けを行います。しかも、これらのやり取りは、ほとんどの場合RTB（Real Time Bidding）といってリアルタイムで競りが行われ、出稿する広告が決められています。

また、消費者のサイト閲覧行動や消費行動履歴などをデータベース化することで広告の配信先をより最適化しようとする試みが「行動ターゲティング」です。

さらにDMP（Data Management Platform）と呼ばれる自社や外部のさまざまなデータを一元的に管理するプラットフォームを活用し、最適な配信を可能にするためのノウハウも日々研究されています。

▶ SSPやDSPの利用 図表31-4

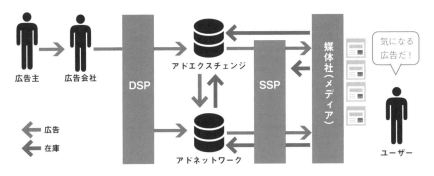

👍 ワンポイント　ブランドセーフティーとアドベリフィケーション

広告と記事が別々に管理されるようになると、細かくターゲティングして広告を表示できる反面、メーカーA社の記事に競合B社の広告が掲載されてしまったり、欠陥事故などネガティブな記事に企業広告が出てしまうことがあります。

そのような掲載結果を「ブランド毀損」と考え、そうならないよう配慮する「ブランドセーフティー」、配慮を行いながら広告配信を行うサービス概念を「アドベリフィケーション」といい、今後の広告配信の課題のひとつとなっています。

32 広告の効果は目標に応じて判断しよう

マーケティングの目的は「売上を上げること」ですが、広告出稿など個別の施策を評価する場合には「売上」という指標が有効なわけではありません。また広告効果の評価も、広告施策の目的に応じて見るべき指標が変わります。

最終目標だけで広告を評価してはいけない

売上と利益を上げることがマーケティングの目的であり、その施策のひとつに広告出稿があります。しかし、広告効果を評価する際、売上だけを指標とするのは適切ではありません。

一般にビジネス目標を達成するためには、それに向けた段階的な指標目標を用意して、最終的なゴールを目指します。マーケティングでは、KGIとKPIという2つの重要な指標で考えます。KGI（Key Goal Indicator）は重要目標達成指標と呼ばれ、最終目標が達成されたかを計測するものです。例えば、「今年の売上を昨年対比120%とする」といった計測可能で具体的な最終達成目標のことをいいます。

一方、KPI（Key Performance Indicator）は重要業績評価指標と呼ばれ、目標を達成していく途中段階でキーとなる指標です。個別の施策を積み上げ、KPIの達成を積み重ねることで、最終目的の達成を目指します 図表32-1。

▶ KPIの積み上げでゴールを目指していく 図表32-1

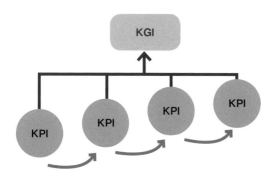

最終目標（KGI）を達成するためには、各段階でのKPIの達成度をチェックしていきます。

● 広告効果は目標に応じて中間指標で判断する

マーケティング施策の目標や指標を検討するときには「パーチェスファネル」と呼ばれる考え方がよく使われます。これは消費者が商品を知って購入するまでの意識の変化と、人数の推移をグラフにしたもので、図表32-2 のように右下がりのグラフになります。例えば広告ターゲットに向けて広告出稿をした場合、その広告や商品を「認知」する人は、ターゲットの全体よりも少なくなります。次に、その広告や商品を認知したうえで「興味

関心」を持つ人はさらに減り、実際に「購入」する人はさらに少なくなるでしょう。この図を逆に考えていけば、購入者を増やすためには購入意欲がある人を増やさなければならず、さらには興味関心を持つ人や、商品の認知そのものを増やす必要がある、と考えられます。

このように、広告出稿と購入の間に目標として設定できる計測可能なポイントを中間指標といいます。

▶ 広告出稿と消費者の意識の変異の関係性 図表32-2

消費者数

広告 — マーケットに対してブランドや商品名にどのくらいの認知があるか

認知

興味関心 — マーケットに対してブランドや商品名にどのくらいの興味関心があるか

比較

購入 — 購入時点において、比較検討の対象になっているのか比較時の優先度は？

再購入

推薦

生活者の
関与・行動

売上の前に解決しなくてはいけないポイントを広告出稿の目標と考えて中間指標として設定すれば、施策内容の検討も施策の振り返りも正しく行うことができます。

● 3つのパターンで重要指標を考える

パーチェスファネルの中間指標が各グラフの形は、実際には直線ではなく、商品ジャンルやカテゴリーによって大きく3つのパターンに分類されます。以下では、それぞれのパターンでの広告の目標やKPI例、施策の考え方を見ていきましょう。

パターンA：知る人ぞ知るタイプ

いわゆる「知る人ぞ知る人たちの中で評価されている」商品では、傾斜のゆるい曲線を描く傾向があります。一般的には知られていなくても特定の層にはブランドや商品の認知がすでにあり、その層の中では興味関心も強く、比較検討や購入にも進みやすいのがこのタイプです。
このタイプの問題はそもそもの認知が低いために、最終的な購入者数がどうしても向上しづらいことだといえます。対処法としては、ターゲットにおける「認知率の向上」を目標とした広告施策が必要となります。認知さえ向上すれば、興味関心や比較検討、購入については自然に上昇していく可能性が高いと考えられます。

▶ 知る人ぞ知るタイプ 図表32-3

消費者数

広告

認知
興味関心
比較
購入
再購入
推薦

生活者の
関与・行動

【広告目標】
認知の向上
【KPI例】
ブランド認知、商品認知など

認知が下がると、グラフ全体が下に下がってしまい、購入そのものが下がってしまう傾向があります。

NEXT PAGE →

ブランドや商品の認知も興味関心も高いが、あまり買わない（買えない）というケースです。特に憧れのプレミアムブランド、高額商材（高級宝飾品、輸入車など）に多いパターンです。高額商品は、広告から直接的な購買につながることはまれです。ただし、認知が下がれば最後の購入数も比例して下がっていくのでそれだけは避けなければいけません。

このパターンの対処法は、<u>常時一定の広</u>告出稿をしながら顧客の認知を高い状態にしておくことはもちろん、興味関心についても常に高い状況にしておくことが必要です。また、一般商品で比較や購入段階で急激に人数が減ってしまうといった同様の傾向がある場合には、購入を妨げている別の要因がある可能性があります。その要因を探りながら、ランディングページなど広告以外への視点も常に持っておくように心がけましょう。

▶ 知っているが買わないタイプ 図表32-4

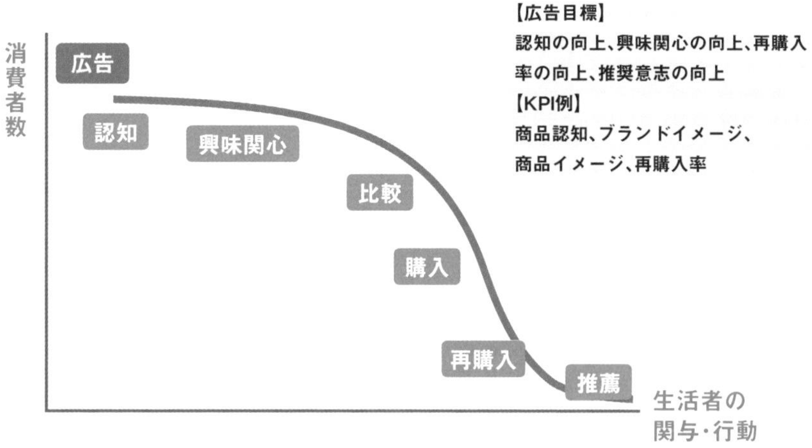

【広告目標】
認知の向上、興味関心の向上、再購入率の向上、推奨意志の向上
【KPI例】
商品認知、ブランドイメージ、商品イメージ、再購入率

消費者数

広告　認知　興味関心　比較　購入　再購入　推薦

生活者の関与・行動

> 似たようなカーブを描いていてもその要因はひとつではありません。何が要因となっているのかをきちんと考察しましょう。

パターンC：認知は高いが買われないタイプ

広告出稿は行っており認知もあるのにもかかわらず、興味や関心が急激に減り、購入数も低迷する状態となっている例です。企業には、認知が高く誰もが知る主力の定番商品が、あるときから急に消費者の関心を失い、販売不振に陥るケースがあります。この場合、「消費者が商品に飽きてきた」「競合会社がより魅力的なプロモーションを行っている」などの理由は

考えられますが、より慎重に広告施策の検討をする必要があります。

このパターンは、まさに「広告を出稿すれば売上が上がる」状態ではないので、対処法は「消費者の興味関心がどうすれば向上するのか」「比較検討の俎上にどうすれば上がるのか」「競合との差別化」などを施策目標とし、KPIを設定する必要があります。

▶ 認知は高いが買われないタイプ 図表32-5

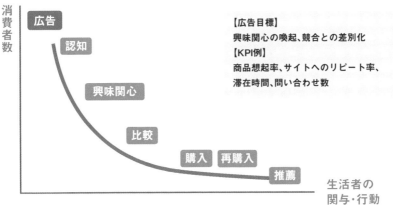

👍 ワンポイント　パーチェスファネルとは

パーチェスファネル（Purchase Funnel）のファネルとは「ろうと」という意味です。消費者が商品を知って購入するまでの人数の変遷を上から順に描くと、逆三角形の形になることからそう呼ばれます。下にいくほど、購買行動のプロセスが進み、消費者のニーズが明確になります。

33 [広告効果の基本指標]

広告レポートでは、まず3つの指標に注目しよう

このレッスンの
ポイント

ここでは、デジタル広告の世界で欠かせない3つの指標を覚えましょう。「CPM」「CPC」「CTR」のそれぞれで、分子・分母は何を意味しているのか？　その施策は分子・分母にどのような影響を与えるのかを理解しましょう。

● 広告の効果測定に必須、基本の3指標

広告出稿を行った場合、基本的には掲載途中もしくは終了後に、掲載結果のレポートが提供されます。マーケターはレポートを見て広告の効果を計るわけですが、この際に最も基本となる効果を知る指標が3つあります。「CPM」「CPC」「CTR」です。広告の料金体系にはインプレッション型（表示回数保証）と、クリック数に応じ

て金額が異なる運用型があります。CPMは表示回数あたりのコスト、CPCはクリック数あたりのコストを見る指標です。また、CTRは、広告の表示回数クリック数あたりのクリック数を示します。それぞれの指標の意味を以下に解説します 図表33-1 。

▶ 3つの基本指標の算出方法 図表33-1

| CPM | Cost Per Mille | = | $\dfrac{媒体掲載費}{表示回数} \times 1000$ |

1000 回の広告表示ごとにかかったコスト。

| CPC | Cost Per Click | = | $\dfrac{媒体掲載費}{クリック数}$ |

1 回のクリックを得るのに掛かったコスト。

| CTR | Click Through Rate | = | $\dfrac{クリック数}{表示回数}$ |

何回の表示ごとに 1 クリック得られたかの割合。

● レポートは「何がその数値を変化させたのか」に注目すべし

具体的にレポートを分析してみましょう。ここでは、運用型広告のクリック課金メニューでのサンプルレポートを見てみます。

Step 1 まず相対的な費用に注目

はじめに、まず費用を見てみましょう。このケースでは、期間を通じてほぼ一定の費用（コスト）を広告出稿に使っていることがわかります。

	2021年4月	2021年5月	2021年6月	2021年7月	2021年8月
表示回数	404,304	869,076	702,388	345,765	267,035
クリック数	1,007	1,010	1,007	857	901
CTR	0.25%	0.12%	0.14%	0.25%	0.34%
CPC	¥20	¥19	¥20	¥24	¥22
コスト	¥19,877	¥19,574	¥19,963	¥20,173	¥20,230

月々のコストはほぼ一定

Step 2 クリック数で反響を見る

次にクリック数を見ます。7月と8月のクリック数が4〜6月に比べて減っていることが気になりますが、どの月もほぼ一定のクリック数があることがわかります。ここまででレポートの全期間を見渡すと、クリック数とコスト（出稿金額）が一定となっており、広告出稿金額に対して安定的な成果が得られていることがわかります。

	2021年4月	2021年5月	2021年6月	2021年7月	2021年8月
表示回数	404,304	869,076	702,388	345,765	267,035
クリック数	1,007	1,010	1,007	857	901
CTR	0.25%	0.12%	0.14%	0.25%	0.34%
CPC	¥20	¥19	¥20	¥24	¥22
コスト	¥19,877	¥19,574	¥19,963	¥20,173	¥20,230

少しクリック数が
落ちている

数値が変動する要因はさまざまです。事業の環境や顧客の動向、シーズナル要因などの視点からなぜ変動したのか、どうやればより良い成果を出せるか、常に考えていきましょう。

Step 3　表示回数の違いに注目

次に、広告の広告表示回数（インプレッション）を見てみましょう。広告費用はほぼ一定なのにもかかわらず、5月と6月の広告出稿量が他の月の2倍もあること

がわかります。さて、どうして広告費用が同じなのに、この月だけ他の月の2倍の広告表示回数があったのでしょうか。

出稿量が倍になっている

	2021年4月	2021年5月	2021年6月	2021年7月	2021年8月
表示回数	404,304	869,076	702,388	345,765	267,035
クリック数	1,007	1,010	1,007	857	901
CTR	0.25%	0.12%	0.14%	0.25%	0.34%
CPC	¥20	¥19	¥20	¥24	¥22
コスト	¥19,877	¥19,574	¥19,963	¥20,173	¥20,230

Step 4　クリック率で反響を見る

実際にCTRを見てみると5月6月の数値が下がっているので、この月だけ急にクリックされなくなっていることがわかります。

一見安定的な成果が出ているように見えますが、数値の変化に注目してみると、実はここにマーケティング施策改善のヒントがあるといえます。

クリック課金メニューは1クリックの金額を入札し、クリックされるごとにその金額が課金される広告メニューです。したがって、トータルの広告費用と入札金額を一定に設定した場合、急にクリック

されなくなるとクリック数を予算として設定した量まで稼ごうとするために、広告表示回数を多くするという仕組みが働きます。

この場合、クリックされなくなった要因を探る必要があります。考えられる原因としては「消費者がクリエイティブをすでに何度も見てしまって飽きてきた」「時期的にニーズの発生しない時期であった」「競合他社が大きなキャンペーンを実施したため顧客をそちらに取られた」などの理由があげられます。

	2021年4月	2021年5月	2021年6月	2021年7月	2021年8月
表示回数	404,304	869,076	702,388	345,765	267,035
クリック数	1,007	1,010	1,007	857	901
CTR	0.25%	0.12%	0.14%	0.25%	0.34%
CPC	¥20	¥19	¥20	¥24	¥22
コスト	¥19,877	¥19,574	¥19,963	¥20,173	¥20,230

CTRが下がったので、クリックされる割合が低かったことがわかる

Step 5　クリック率の増減から施策を考える

一方、CTRが急に高くなり表示回数が減った月は、予算とCPCが一定なので、投下金額とクリック数はほぼ一定になっています。CTRが上がった場合、表示回数に対してクリックされる割合が改善されているので、予算を一定にするよりも投下予算額を増やすと実際のクリック数が増えるので、その結果サイトへの流入量も増え、売上や成果につなげることができるのではないかと考えられます。

	2021年4月	2021年5月	2021年6月	2021年7月	2021年8月
表示回数	404,304	869,076	702,388	345,765	267,035
クリック数	1,007	1,010	1,007	857	901
CTR	0.25%	0.12%	0.14%	0.25%	0.34%
CPC	¥20	¥19	¥20	¥24	¥22
コスト	¥19,877	¥19,574	¥19,963	¥20,173	¥19,230

CTRが改善、高くなっている

以上のように、レポートを読むときは3つの指標をまずは追ってみましょう。数字の変化が改善のヒントになります。

👍 ワンポイント　4つ目の指標「CPA」も覚えておこう

CPA（Cost Per Action/Acquisition）は、広告掲載料に対して中間指標をコスト指標にしたものです。Action/Acquisitionには、売上個数、申し込み数、来店数、アンケート回収数など、施策の目標とした数値を入れることで施策のコスト評価をすることができます。

CPA Cost Per Action/Acquisition $= \dfrac{\text{広告掲載費}}{\text{目標達成数}}$

顧客を1人得るのにかかったコスト。

34 リアルとネットの得意不得意を考えプランを相互補完しよう

このレッスンの
ポイント

消費者のメディア接触時間が大きく変化しデジタル寄りになったとしても、リアルなメディアに接触しなくなったわけではありません。デジタル時代だからこそ、リアルとデジタルのメリット、デメリットを理解しましょう。

◯ デジタルメディアの得意なところ

現在、デジタルメディアは消費者のメディア接触頻度が高いメディアです。特にスマートフォンを常に持ち歩き、顔から数十センチの至近距離で見ることが多いことから、非常に親近感をもって受け取られます。また、画面タップするだけで即座に他のサイトやメディアにつながり、最新のニュースが得られる速報性や、相互にコミュニケーションのできるインタラクティブ性も特徴です。

一方、PCもビジネスでは欠かせないデバイスであり、ビジネスの情報やエンターテインメント情報など、幅広い情報入手デバイスとして使われています。

▶ デジタルメディアのメリットとデメリット 図表34-1

特性	詳細
デジタルの主な利点	コンテンツは速報性が高く、消費者との相互コミュニケーションが可能
	年齢や性別、サイト内の行動などさまざまなデータが取得可能で、ターゲットのパーソナリティに合わせた広告出稿やデータの活用がしやすい
	リアルタイムに施策修正ができる
デジタルの主な弱点	情報が多く、変化のスピードが速すぎて追いかけることが難しい
	メディアコンテンツとユーザーコンテンツが混在しており、信頼性の担保が乏しいケースがある
	データを取得されることに消費者が嫌悪感を持つことがある

○ リアルメディアの得意なところ

マスメディアなどのリアルメディアは、コンテンツや情報に対してより深さや幅広さを価値として付加してくれるメディアだといえます。例えば新聞では、速報であっても解説などの編集の手が加わり、独自の視点を持った「記事」が提供されます。また、政治、経済、政界情勢、金融など網羅性の高さも新聞の特徴です。

テレビではバラエティ豊かなコンテンツ提供はもちろん、一度に大量の消費者に向けて情報を届けることが可能であり、伝播性が強いことが特徴です。

一方、折込みチラシや雑誌などの印刷メディアは特に「地域性」「専門性」「保存性」が特徴です。趣味性の強い月刊誌などは長期間保存され、資料的価値もあります。

▶ リアルメディアのメリットとデメリット 図表34-2

特性	詳細
○ リアルの主な利点	メディアの信頼性が担保されている
	情報の網羅性や多様性に長けている
	読者数が多く、メディアによる波及力が大きい
△ リアルの主な弱点	ワンウェイの情報提供
	事前に調査したメディアデータの情報しか活用できない
	消費者の情報取得やデータの活用に限度がある
	掲載までに時間がかかり、リアルタイムに施策の修正はできない

○ これからは相互にミックスしていくプランが大切

このように、メディアによってそれぞれ特徴や得意なことがあります。アドテクノロジーがいかに進化しても、場合によっては旧来メディアを使ったほうがマーケティングに効果的な場合もあります。これからは、目的に応じてさまざまなメディアを使い分ける感覚が必要です。

消費者は、デジタルやマスメディアを意識せずにさまざまなシーンで自分が使いやすいメディアを自然に選択しているのです。

> 消費者は自分が便利なメディアに自然とシフトしていきます。マーケターもリアルもデジタルも両方理解して、いいとこ取りをしていきましょう！

35 ブランド毀損のリスクとなる ネット広告の問題点を知ろう

このレッスンの ポイント

ネット広告は消費者のさまざまなデータを活用しながらマスメディア時代にはできなかったアイデアを実現化してきました。その一方で、ブランド毀損となるようなインターネットならでは課題も同時に明確になってきました。

◯ 広告の効果追求に対する個人情報保護の流れ

ネット広告の特徴のひとつに、広告接触後のユーザーのWeb行動をある程度把握できることがあります。広告閲覧数や広告をクリックした後の行動をトラッキング（追跡）し、より効果の高い広告の出し方をする手法は、実際よく使われています。ところが、このベースとなるクッキーという技術の利用が問題になっています。

最も大きな流れは、ヨーロッパを中心に議論されている消費者のプライバシー問題です。ネット広告を効率よく広告配信するためにユーザーのWeb行動データを取得することは、消費者のプライバシー侵害にあたるという訴えです。現在ではその議論が進み、GDPR（一般データ保護規則）という規制枠組みが施行されました。今後は、Web行動データの取得に使われるクッキーを使わないようにする動きも高まってきています。日本でも海外取引を行う企業を中心に影響が及んでおり、今後国内でも利用できるWebデータが限定されたり、一部は保持できなくなる可能性があります。

▶ **クッキーの広告活用とプライバシー** 図表35-1

消費者の情報やWeb行動データを
取得してネット広告を配信

クッキーを使った行動データの取得は
プライバシーを侵害している恐れがある

法規制

広告主

ユーザー
私自身の情報や私がどんなサイトを見ているかは誰にも教えたくない

ユーザー
クッキーを受け入れるかどうかは自分で判断したいな

クッキーが使えないとネット広告を効率的に行えない……？

◯ 出稿先のコントロールができないブランド毀損問題

2つ目の課題は、広告掲載面です。ネット広告が掲載される先は、アドネットワークの進化によって多種多様になりました。その掲載先は、確固たるブランドと信頼性を持つメディアから、企業が自社で立ち上げたコンテンツサイト、さらには個人ブログまで多岐にわたります。

広告の配信先が少ないときは、どのサイトにどのように掲載されているかを細かく管理していくことが可能ですが、掲載先が増えると管理は困難となります。特に、現在の広告出稿スタイルは、広告予算とターゲットを指定したら、効果や効率を鑑みながら配信先が自動で選定されるため、広告主は細かいコントロールができません。その結果、広告主が望んでいないサイトやページに広告が掲載されることが実際にあります。それによりブランドイメージが下がってしまう「ブランド毀損」が懸念されています。

もちろん、掲載したくないサイトをリスト化して除外することも可能ですが、新しいサイトやページが日々増える中で、手動でリストアップすることは現実的には不可能であり、企業広告の運用における大きな課題となっています。

▶ アドテクノロジーによる広告掲載とブランド毀損 図表35-2

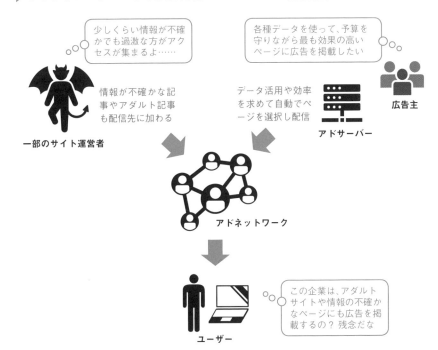

少しくらい情報が不確かでも過激な方がアクセスが集まるよ……

情報が不確かな記事やアダルト記事も配信先に加わる

一部のサイト運営者

各種データを使って、予算を守りながら最も効果の高いページに広告を掲載したい

データ活用や効率を求めて自動でページを選択し配信

アドサーバー

広告主

アドネットワーク

この企業は、アダルトサイトや情報の不確かなページにも広告を掲載するの？ 残念だな

ユーザー

● アドフラウドとビューアビリティ問題

さまざまなサイトが出現し広告ビジネスを展開すると、その中には悪意のある（悪意はなくても、結果的に信頼性を阻害する）広告スペースが出現することがあります。3つ目の課題は、アドフラウドと呼ばれる広告詐欺や、ビューアビリティ問題といわれるものです。

アドフラウドの代表例は、コンピュータプログラムを使って広告クリックなどを偽装し、広告出稿料を請求する手法です。また、ビューアビリティ問題は、ユーザーには見えないところに広告が掲載され、閲覧されないのに広告主に費用が請求されてしまうといったものです。1ページのサイズが縦に長すぎたり横に広すぎるとWebブラウザを開いてもユーザーの見えるところに広告が配置されていないケースや、ポップアップ機能を使っているがWebブラウザの背面のページ（非表示のタブ）で表示されているといったケースがあります。

両者とも、消費者に届いていないのに数値上は広告閲覧となり、掲載レポートにも反映されてしまう恐れがあります。

これらの問題は、レポートの数値だけを見ていても気づくことができず、対応策も立てることができません。

▶ ビューアブルでない広告表示例 図表35-3

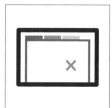
裏側のページ（非表示タブ）で広告が表示されている

広告の一定面積が可視状態にない

スクロールなどで広告が一定時間可視状態にない

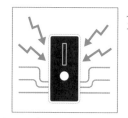
人以外からの アクセスなどによる 無効なトラフィック

出典：社団法人日本インタラクティブ広告協会（JIAA）「ビューアブルインプレッション測定ガイダンス」

ネット広告で起きているこれらの問題は、広告主、メディア運営、広告配信事業社が消費者に誠意を持って向き合っていく視点を持ち、解決していくことが必要です。

Chapter

4

ソーシャルメディアで消費者に正しく向き合おう

企業や商品の評判は、消費者にとっては「良い消費」をするための情報のひとつです。消費者の間でより良い評判を得ていくために向き合うのが、ソーシャルメディアです。

ソーシャルメディアで消費者と直接コンタクトしよう

このレッスンの
ポイント

ここ数年のデジタルマーケティング環境においては、ソーシャルメディアの重要性がさらに上がりました。ソーシャルメディアは消費者の生活に欠かせないものとなったため、消費においても大きな影響力を持つようになったのです。

ソーシャルメディアは重要なコンタクトポイント

企業と消費者との接点は、店頭やECサイトといった場所はもちろん、ありとあらゆる場所に生まれます。このような商品やブランド情報と消費者が接する場所やタイミングのことをコンタクトポイントといいます。

コンタクトポイントは、これまでは店頭やチラシ、交通広告やCMなど、大手メディアとリアルが中心でしたが、デジタル時代においてはオンラインでの顧客対応やサポート管理サービス、スマートフォンアプリなどを含めて、飛躍的に増えています。

そして、誰もが情報発信／収集ができる、人と人とのコミュニケーションプラットフォームであるソーシャルメディアも、ブランドと消費者との大切なコンタクトポイントになってきているのです。

▶ さまざまなコンタクトポイントとソーシャルメディア 図表36-1

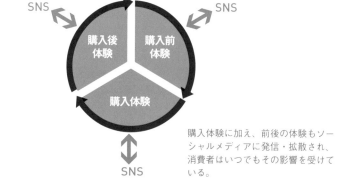

購入体験に加え、前後の体験もソーシャルメディアに発信・拡散され、消費者はいつでもその影響を受けている。

ソーシャルメディアで顧客の「生の声」を聞く

スマートフォンひとつで情報発信と収集ができるソーシャルメディアには、消費者の意見、感想が日々投稿され、誰でも見られる状態になっています。また、消費者の声という意味では、ECサイトのレビューや企業アプリ内のコメントも対象です。ユーザーレビューやSNSでの評価は、消費者の動向に大きな影響を与えており、それこそ販売やブランド醸成にとっても重要です。

ソーシャルメディアについて「良いクチコミを増やす施策を」と考える人は多いですが、企業がまずやるべきはこれらの生の声に耳を傾け（傾聴）、ブランドがどう評価されているかを把握することです。

▶ ソーシャルメディアへの「傾聴」を通じた商品開発 図表36-2

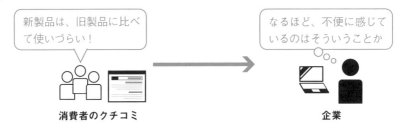

新製品は、旧製品に比べて使いづらい！

なるほど、不便に感じているのはそういうことか

消費者のクチコミ　　　**企業**

クチコミを促進するためにも公式情報の充実を

消費者の生の声を理解したあとは、SNSの公式アカウントによる情報提供に力を入れます。企業のSNSはすぐにフォロワーが増えるわけでも、売上に直結するわけでもありませんが、長期安定的に運用する必要があります。公式アカウントの役割は、ユーザーに誤った情報が拡散するのを防いだり、苦情になる前に正確な情報を提供することがひとつ。また、情報をシェアしやすい形にまとめ、クチコミを促す土台を提供することです（Lesson 39参照）。そうした取り組みの先に、ユーザーとのコミュニケーションや、商品やブランド価値の共創といった活用も期待できます 図表36-3 。

▶ ソーシャルメディアを通じた相互的なコミュニケーション 図表36-3

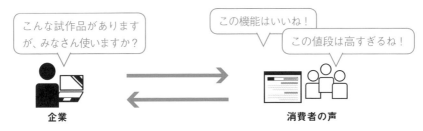

こんな試作品がありますが、みなさん使いますか？

この機能はいいね！

この値段は高すぎるね！

企業　　　**消費者の声**

37

評判が消費者の購買行動に与える影響を考えてみよう

**このレッスンの
ポイント**

皆さんは商品を買うときに、実際に買った人の意見や買った理由は気になりませんか？ ものを買うときにはCMやパンフレットなどの企業からの情報以外にも、人の評判や評価に大きな影響を受けているのです。

◯ 消費者は正しい選択のために情報を求めている

私たちは普段、自分がわからないものに対しては警戒心を持ち、関わりを避けようとします。例えば、よく知らない会社のセールスマンが子供の学習教材の訪問販売に突然訪れても、普通はドアを開けようとはしません。危険を避けるために、そういった態度はごく自然なものです。
ところがこの学習教材について「大企業ではないけれど学校で話題になっている」「子供の友人が購入して成績が上がった」という評判を耳にしていたとしたら

どうでしょうか。買うかどうかは別として、「ちょっと話を聞いてみようかな」という気にはなるのではないでしょうか。
私たち消費者は、いつも「間違いのない選択をしたい」「失敗したくない」と考えています。高額の商品については特にそうですが、低価格帯の商品だからといって、何でも構わないとも考えてはいません。消費者は購入金額に関わらず、多くの情報を入手し、参考にしながら消費を行っているのです。

▶ 人は自分の知らないものは遠ざける 図表37-1

聞いたこともないブランドのものは買えない

使った人の評判がわからないと買うのは怖い

商品は知っているけど、どう使うのかわからない

消費者

商品

⬤ 消費者はなぜクチコミや評判を気にするのか

消費者は正しい選択のために情報を常に求めていますが、なかでもクチコミや評判、他人の評価は購入時に参考にする重要な情報源になっています。なぜそうしたクチコミが重要なのでしょうか。

クチコミは、利害関係にある企業から提供された情報ではなく、消費者の間で実際にその商品が使用され、評価された情報です。無数の人のフィルターを通ってきた商品の評判は、迷っている消費者からすれば、最も確かな答えが得られる情報源なのです。

また自分自身の選択に自信がない消費者も多くいます。自分が気に入って購入した洋服でも、周囲の評判が悪くて失敗したと思ったことはないでしょうか。購入選択は「他人からどのように見られたいか」という外的要因にも影響を受けるので、購入に先立って周囲の評判を気にするのだともいえます。

▶ 前評判を聞いていると態度が変わる **図表37-2**

有名な会社じゃないけど評判がいい教材

あの教材で勉強したA子さん成績が上がったって

学習塾のB先生もすすめていたらしい……

クチコミ　　消費者　　商品

⬤ ソーシャルメディアへの取り組み

消費者にとって評判とは極めて重要な情報なので、企業としても評判を高めるためにさまざまな施策を行う必要があります。しかし、消費者が自由に発言できるソーシャルメディアは、企業がコントロールすることが極めて難しいメディアです。このため、ネガティブなクチコミやポジティブなクチコミにどう対応するか、まずは基本対応を押さえながら、いかにポジティブな情報を発信してもらうのかを考えていく、という流れで取り組みましょう。

> ソーシャルメディアは人々が自由に発言を行っている場です。そこには、さまざまな起業についての評判や意見が存在しています。

38 企業SNS活用の基本三原則を理解しよう

このレッスンの
ポイント

総務省の調べでは、何らかのソーシャルメディアを利用している人は全世代平均で7割を超えています。新しいコミュニケーション手段が与えるインパクトに企業はどのように向き合うべきかの方針を整理していきましょう。

○ ソーシャルメディアが消費者にとってトレンドの場に

現在、ソーシャルメディアはクチコミやトレンドを生み出す場として大きな力を持っています。従来、消費者が情報を受け取る経路はテレビや新聞などのマスメディアが中心でしたが、ソーシャルメディアの時代になると、インターネットを通じて利用体験や価格情報などのクチコミ情報を得ることが増えてきました。さらに消費者によっては、企業やマスメディアの公式情報よりも、多くの一般消費者の声の集まったクチコミのほうを重視するという傾向も生まれてきました。

ソーシャルメディア時代に大きく変化したことは、無名の個人が発信できると同時に、消費者もより深く、幅広い情報を自由に取得できるようになり、価値の取捨選択権が個人にゆだねられるようになったことだといえます。

▶ 個人発のクチコミ情報が重要性を増している　図表38-1

企業やマスメディアからの情報

ソーシャルメディアからの情報

マスメディア主体だった情報源は、現在はより幅広くなり、企業・個人を問わずフラットな状態で取得されるようになりました。

Chapter 4 ソーシャルメディアで消費者に正しく向き合おう

○ トリプルメディアとの連携で、三原則に取り組む

何も対策せずに放っておいても、ソーシャルメディアで理想的な消費者行動は生まれません。企業としてはネット広告とオウンドメディアをソーシャルメディアで拡散しやすくしておくことが必要でしょう 図表38-2 。

まずやるべきは、消費者が正しい情報を見つけやすく、流通しやすくする仕組みを整え、「良い評判」が育まれる流れを作ることです。ネット広告からオウンドメディアを訪問した消費者が公式情報をシェアしたり、ソーシャルメディアにシェアされたリンクからオウンドメディアを訪問し、その結果をソーシャルメディアで再拡散するといった循環が起これば理想的です。

企業におけるソーシャルメディア活用は、図表38-3 に示す三原則を踏まえて行っていきましょう。それぞれについて、Lesson 39からLesson 41にかけて解説します。

▶ ソーシャルメディアへの取り組み 図表38-2

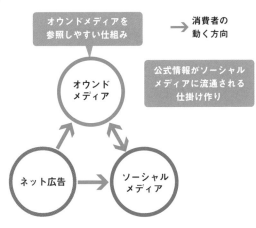

まずは自社で改善がしやすいオウンドメディアを、ソーシャルメディアで参照されやすく作っておくことが対策への第一歩でしょう。

▶ 企業のソーシャルメディア活用三原則 図表38-3

原則1　正しい情報がソーシャル上で伝播するための仕組みを作る
オウンドメディアやペイドメディアの情報をソーシャル上で利用しやすくする

原則2　情報を見つけてもらいやすくするプラットフォームとして活用する
ソーシャルメディアを情報公開用のプラットフォームと考え、企業の公式アカウントを作成し、オウンドメディアの延長として利用する

原則3　消費者の声に耳を傾ける（ソーシャルリスニング）
ソーシャルメディアの中のトレンドを知り、顧客の声に耳を傾け、自社のブランドや商品についてどのような評判や噂が立っているのかを把握する

39 ソーシャルメディアに正しい情報が流れる仕組みを作ろう

このレッスンの
ポイント

ニュースリリースや商品情報を提供するときは、同時に、ソーシャルメディア上でその情報が正確に伝達されるように、かつ提供した情報が拡散されやすいように仕組みを作ることがひとつ目の原則です。

◯ ソーシャルメディアでは伝言ゲームが起きやすい

ソーシャルメディア上の情報伝達は、「伝言ゲーム」に似ています。消費者が自ら得た情報が、すべて正しく記載され拡散される保証はありません。もし、あるユーザーが企業のイベント情報をコピー＆ペーストではなく、テキストを打ち直して投稿したとしたら、内容をタイプミスすることもあるでしょう。文字数の制限に引っかかって日時情報が欠落したり、場所が間違って記載されてしまうこともあるかもしれません。欠落ならまだしも、

誤った情報が修正されないまま拡散されてしまい、不正確な情報が広まってしまう……まさに伝言ゲームです。

企業としては、伝言ゲームのような誤った情報伝達を起こさないために、最初から「正しい情報が拡散する仕組み」を作る必要があります。そして間違った情報を自己チェックしやすいように、「オリジナルの情報源に戻れるような仕組み」「オリジナルの情報を探してもらいやすくする仕組み」をまず作りましょう。

▶ 誤った情報の伝言ゲーム 図表39-1

駅前のラーメン屋では、みそラーメンを頼むとサービスで野菜が大盛りで、餃子が100円引きになるよ

→

駅前のラーメン屋では、ラーメンを頼むと大盛りがサービスで餃子が100円引きになるよ

→

駅前のラーメン屋では、ラーメン餃子セットが大盛り100円だよ

● ソーシャルメディアで伝言ゲームを起こさないための鉄則

ソーシャルメディアで伝言ゲームを起こさないためのコツは3つに集約されます。

① オリジナル情報がユーザーに加工されないようにする

② オリジナル情報に戻れるURLを記載する

③ オリジナル情報を検索されやすくする

ユーザーにテキスト入力させる工程が発生すると、どうしてもミスや情報の欠落が起きやすくなります。ユーザーが気楽に情報の拡散ができ、なおかつ企業側が拡散情報をコントロールできるように、SNSボタンなどを設置し 図表39-2 、ツイートやシェアする情報を自動生成して間違いを減らせるようにしましょう。検索されやすくするためのハッシュタグ、公式アカウントIDなどを記載しておくことも有効です。

▶ 情報を拡散しやすくするSNSボタン 図表39-2

Webサイトの記事には、シェアしやすいように、Facebook、LinkedIn、Twitter、Pinterest、メールなどのSNSシェアボタンを配置する。選択するSNSは顧客層の利用層やシェアしてほしいSNSによって選択する。

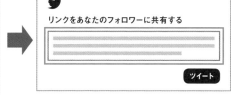

ツイートボタンをクリックすると、記事のタイトル、リンク先のURLが挿入されたツイートが自動で生成される。このようにすれば誤字やリンク間違いを防げる。

Twitterのツイートボタン作成サイト
https://about.twitter.com/ja/resources/buttons#tweet
Facebookのシェアボタン作成サイト
https://developers.facebook.com/docs/plugins/share-button

SNS での情報が錯綜していても、オリジナル情報へ戻るリンクがあれば混乱は軽減できます。

[原則2：SNSのプラットフォーム活用]

40 オウンドメディアとして SNSプラットフォームを活用しよう

このレッスンの
ポイント

SNSは多くのユーザーに使われることが前提であるため、操作方法はシンプルにわかりやすく作られており、大量のファイル保管や集中アクセスにも耐えられる設計になっています。オウンドメディアの一部として活用しましょう。

○ 公式情報の公開場所としてSNSを活用する

ソーシャルメディアの最大の特徴は誰でも簡単に登録して使えることです。簡単なユーザーインターフェースで、いつでもどこからでも投稿内容をアップロードし公開できます。また、多くのユーザーに使われることを想定しているので、セキュリティーや集中アクセスなどのトラブルにも強いといえます。このようなシステムが無料や低コストで利用できるなら、使わない手はありません。

また、多くの人が集まるSNSにコンテンツを置くことは、情報が検索されやすくなるといったメリットも同時に生むことになります。

▶ SNSプラットフォームとオウンドメディアの相乗効果用　図表40-1

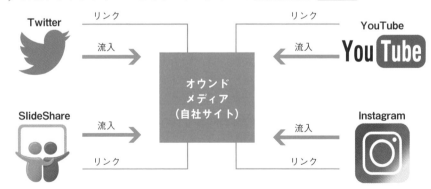

オウンドメディアからほかのメディアへユーザーが流出しそうに見えるが、逆にそれぞれのプラットフォームのユーザーに検索で見つけてもらえるチャンスが増えるので、ほとんどの場合にはオウンドメディアに流入するユーザーの増加が見込める。

◯ 動画公開先にYouTubeを活用する

YouTubeは世界最大の動画投稿サイトです。動画をインターネット上に公開する場合には、自社サイトにのみ掲載するよりも検索時に見つけられやすくなるメリットもあるので、YouTubeにアップすることを検討しましょう。動画の本数が少なけれ ば自社サーバーでも管理ができますが、本数や再生時間、閲覧ユーザーが大幅に増えた場合を想定してシステム全体の増強までを視野に入れる必要があり、想定以上のコストや開発時間がかかる可能性があります。

▶ YouTubeを使った動画共有の例 図表40-2

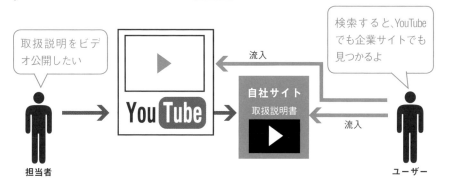

◯ 写真公開ならInstagramを活用

写真やイラストといった画像の公開であれば、InstagramやPinterestを活用することを検討しましょう。

自社のメイン顧客が特に若い女性や若年層であれば、Instagramの利用率は高いといえます。公式アカウントを持ち、質の高い写真を企業名やブランド名とともに投稿することで、ユーザーが検索・閲覧したときには、「いいね!」やコメントを付けてもらえる可能性は高くなります。

▶ 画像に強いInstagram 図表40-3

化粧品会社の公式Instagramアカウント。

○ プレゼン資料であればSlideShareを活用

SlideShareは、展示会や講習会などで使用したプレゼンファイルを公開・共有するサービスです。このサービスでは、ファイルやページごとのクリッピングサービスがあり、公開したスライドをどのくらいの人が見てくれているのか、スライドの中でどのページの興味が高いのかといったことを知ることができます。

▶ SlideShareによる知識の共有 図表40-4

プレゼンファイルの共有というサービスのため、専門性の高いユーザーが集まるという利点もある。

○ LINEでクーポンやメッセージを配信

現在、メールを活用したOne to Oneのアプローチを検討しているのであれば、代替としてLINEの利用も検討してみましょう。LINE@（ラインアット）では「友だち」に対してのメッセージの一斉配信や、ユーザーからの問い合わせに対してLINEのトーク機能同様に一対一でのコミュニケーションをとることができます。

また、クーポンやアンケートなどの機能を使うことで、メッセージ以外のコンテンツを配信することもできます。無料のアカウントから導入できるため小規模なビジネスでも気軽に導入できるでしょう。消費者は、情報発信や情報収集、コミュニケーションにソーシャルメディアを利用しています。その同じプラットフォームを活用することは、今まで想定していなかった新たな顧客層にアプローチをしていくことも可能になります。

▶ LINE for Businessを使ったOne to Oneアプローチ 図表40-5

LINEのビジネス利用サービスの概要や運用テクニックは、公開されている。
https://www.linebiz.com/jp/column/technique/

サービス名	特徴
Youtube https://www.youtube.com/	動画投稿サイトとして最大手。企業サイトの動画提供プラットフォームとしても、BtoCからBtoB企業までの幅広い活用事例がある
Instagram https://www.instagram.com/	写真やイラストの投稿サイトとして、若年層、女性を中心に人気が高い。特にラグジュアリーブランドやファッション系の活用事例が多い
SlideShare https://www.slideshare.net/	展示会や学会などでの使用したプレゼンスライドの共有サイト。テクノロジー、教育などのカテゴリーのほか、ビジネス、経済などさまざまな資料が共有されている
LINE for Business https://www.linebiz.com/jp/	LINEのビジネス用アカウント。LINEの「友だち」に登録してくれたユーザーに対してメッセージやクーポンの配布が可能。飲食店や美容院など店舗ごとに活用している事例が多い

外部のプラットフォームを利用してコンテンツの幅を広げ、さまざまなサービスを提供できるようになります。

👍 ワンポイント　会社人格となってSNSで発言するのは上級向き

ソーシャルメディアの中でも幅広い年齢層に人気のあるTwitterでは、企業アカウントでも「中の人」のようなひとりの人格風に演出して人気を集めているものが数多くあります。リツイートやリプライなどが多いとエンゲージメントも高く、アカウントの人気は高くなります。何より消費者と直接円滑なコミュニケーションを取ることができれば、宣伝や売上にも一役買うことになるでしょう。

しかし一方では、企業アカウントの言動がファンから拒否されてしまったり、炎上してしまうケースもあり非常に難易度が高い運営方法だといえます。
企業という性質上、これから始める企業のSNSであれば、ひとりの個性に担わせるのではなく、複数人で、安定的に運用できる体制づくりがベターです。また、体制を検討せずに安易に運営開始しても、休眠アカウントを増やしてしまうことになりかねません。

企業アカウントのリスク

- SNSユーザーとのやり取りがすべて記録されてしまう可能性がある
- 発言内容が記録されてしまうと削除できなくなる場合がる
- 情報内容や言動の評価はすべてユーザー側にゆだねられてしまう
- 発言の一部を切り取られて拡散してしまうことがある

41

[原則3：ソーシャルリスニングへの活用]

「ソーシャルリスニング」で 反響や顧客のニーズを探ろう

このレッスンの
ポイント

ソーシャルメディアは気軽なつぶやきや消費者の「ホンネ」が大きなトレンドを作り出すメディアです。その声に耳を傾けて、トレンドや消費者のインサイトを探ろうとすることを「ソーシャルリスニング」と呼んでいます。

⚫ ソーシャルメディアからトレンドや反響を知る

ソーシャルメディアを通じて「今、何が世の中で話題になっているのか」を把握するには「Googleトレンド」というサービスがあります。Googleトレンドでは、今人気の検索キーワードや直近にどのような検索が行われているのか、どのようなサイトへのアクセスが多いのかをニュ

ーストピックとともに紹介してくれます。また、「Yahoo!リアルタイム検索」は、キーワードからTwitterでどのような関連投稿があるのかを検索できます。どちらも無料のツールなので、まずは自社の社名や商品名、商品カテゴリーを検索してみてみるといいでしょう。

▶ ソーシャルリスニングのイメージ図 図表41-1

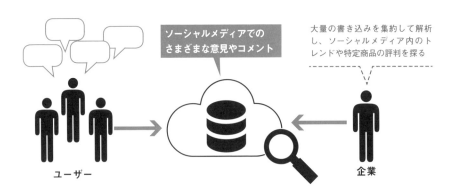

ソーシャルメディアでの
さまざまな意見やコメント

大量の書き込みを集約して解析し、ソーシャルメディア内のトレンドや特定商品の評判を探る

ユーザー

企業

▶ 自社の評判やソーシャル上の話題を調べる 図表41-2

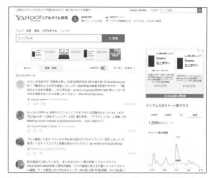

Google トレンドでは話題の検索キーワード、検索されている地域、関連ニュースなどが調べられる。
https://trends.google.co.jp/trends/

Yahoo!リアルタイム検索では、Twitterで投稿されているコメントが検索できる。
https://search.yahoo.co.jp/realtime

Google トレンドや Yahoo! リアルタイム検索は、機能は限られていますが、知りたいキーワードの盛り上がりをざっくりと把握するのに便利なサービスです。

⭕ 公式アカウントの管理には専用ツールを活用する

企業の公式アカウントを管理するのであれば、専用ツールの導入を検討しましょう。専用ツールには、複数アカウント管理、投稿時間の指定、フォロー人数、リツイート数、クリック数の管理機能などコミュニケーション計画を立てやすくなる機能があります。

また、投稿承認制を導入することで、責任者やクライアントの確認をすり抜けて不用意な発言が公開されてしまうことも防止できます。

▶ ソーシャル管理ツール 図表41-3

ソーシャル管理ツール「コムニコマーケティングスイーツ」の公式ページ。各種SNSアカウント予約投稿や承認機能などの企業向けの運用機能が利用できる。
https://www.comnico.jp/products/cms/jp

○ より詳細な分析には専門サービスを

ソーシャルメディアでの反応を単純なリツイート数やキーワードによる投稿検索（いわゆるエゴサーチ）ばかりではなく、商品のイメージやポジティブ／ネガティブな反応の把握など、より詳細なソーシャル分析を提供する専門サービスもあります。こういったサービスは一般に「ソーシャルリスニングサービス」などと呼ばれ、ソーシャルメディア上の大量の投稿から傾向分析を行い、より消費者の本音に近い情報を把握することができます。ソーシャルメディアの中で、その商品が

どのようなワードで語られる傾向があるのか、そのワードをイメージさせるほかのワードは何か、男女別、地域別、年代別に評判はどうなのか、といった情報を調査できます。またクラスタリング分析は、大量の投稿をその内容・趣旨によってカテゴリー分けする手法です。言語解析技術を活用することによって、大量の投稿でも自動で分類し、ソーシャルメディアにおける投稿内容を分類していくことができます。

👍ワンポイント　SNSサービスの提供するレポート機能

Twitterでは、「Twitterアナリティクス」という機能を提供しており、オーガニックのつぶやきに対する反応や、広告の効果を集計した状態で閲覧できるようになっています。
FacebookやInstagramも、企業アカウン

トとして登録しているFacebookページやInstagramアカウントではエンゲージメントやビューを確認できる機能が提供されています。これらの基本の分析ツールもあるので、有料サービスを使う前にひと通り利用してみましょう。

Twitterアナリティクスの表示内容。月間のツイートのパフォーマンスができるほか、広告を利用していれば、そのパフォーマンスも閲覧できる。

42

ソーシャルメディアを
広告メディアとして活用しよう

**このレッスンの
ポイント**

ソーシャルメディアの活用は、プラットフォームとしての活用や公式アカウントとしての情報発信だけではありません。広告枠を活用する方法もありますし、各社から提供されているマーケティングソリューションも利用できます。

○ まずはFacebook広告を検討してみる

ソーシャルメディアに広告を出稿する場合に、最初に取り組みやすいメディアのひとつがFacebookです。Facebookは世界中で年齢や性別を問わずに幅広いユーザーが登録していることが一番の特徴です。実名での登録が基本となるため、ユーザープロフィールの詳細を生かして対象（ターゲット）を年齢や性別、居住地区、出身学校などで細かく絞り込み、効率的に広告を配信できます（オーディエンスターゲティング）。また、既存の優良顧客と似た傾向を持ちそれゆえ関心を示す可能性が高いと思われる人々にリーチを広げることも可能です（疑似オーディエンス）。

Facebookに広告を出す料金は広告主サイドで自由に設定することができます。最低出稿金額は100円ですが、実際に成果を出していくためには、ある一定以上の予算の確保が必要です。

▶ **Facebook広告** 図表42-1

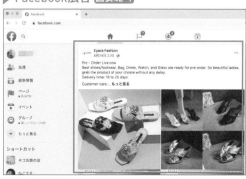

通常の記事と同じくニュースフィードに広告が流れてくるので目につきやすい。

Facebook 広告は低価格で手軽に出稿できるため、ネット広告の入り口としてもおすすめできます。

NEXT PAGE →

Chapter 4

ソーシャルメディアで消費者に正しく向き合おう

Instagramでも広告出稿ができる

Facebook広告とInstagram広告は同じFacebook広告の管理画面で管理することができます。Facebookの広告設定画面では、「キャンペーンの目標の設定」「キャンペーンで重要視する指標」「キャンペーンの成果」を検討しながら進められるため、非常にわかりやすい設計になっています。なお、Facebookでは、Facebook広告の特徴やサービス内容、活用方法を学べる「Facebook Blueprint」というeラーニングシステムが提供されています（https://www.facebook.com/blueprint）。特徴やメニュー活用のヒント、広告クリエイティブのヒントなど非常に役に立つコンテンツが無料で提供されているので、活用を考えるときには一度受講してみることをおすすめします。

▶ Facebook広告の作成画面 図表42-2

いくつかの質問に答えながら広告やキャンペーンを自動的に作成できる。

▶ Instagram広告の作成画面 図表42-3

Facebook広告と同じ管理画面から出稿できる。

興味関心に合わせて出稿できるTwitter広告

Twitterでもタイムラインに広告を配信することができます。Twitterの場合には、Facebookの様にアカウントの登録時に細かなユーザープロフィールの登録は行いません。そのかわり、Twitter広告では、誰をフォローしているのか、どのような言葉をツイートしているのか、どんな検索ワードを使って検索しているのかといった情報を使ってその人の趣味や嗜好、興味や考え方に合わせた広告を配信することができます。

タイムラインの間に広告を表示。

Twitterの広告管理画面。Twitterでも、目的に合わせて自動でキャンペーンを生成し出稿することができる。

⬤ LINEユーザーに向けたLINE広告

LINE広告は、2016年にLINE Ad Platformとして開始され、その後サービスの拡大とともに広告や販促のプラットフォームとして進化してきました。

LINEは、2019年度の調査によればSNS利用者の8割以上が利用しているといわれ、幅広い年齢層に利用されているのが特徴です。LINE広告では、ユーザーの性別や年齢などのみなし属性を活用しながら精度の高いターゲティングをすることが可能です。

また、オンラインで申し込むをすることによって、小額の予算でも気軽に利用を開始することができます。また、広告の配信面は、LINEのサービス内容に応じてさまざまな広告枠が用意されています。

▶ LINE広告の掲載事例 図表42-5

トークリスト
トークリストの最上部に広告表示

LINE NEWS
月間利用者数約6,800万人以上
（2019年7月時点）

タイムライン
月間利用者数約6,800万人以上
（2019年8月時点）

参考：LINE for Business「LINE広告とは」
https://www.linebiz.com/jp/service/line-ads/

NEXT PAGE →

Chapter 4

ソーシャルメディアで消費者に正しく向き合おう

● ソーシャルメディアへの出稿をどう捉えるか

このように、ソーシャルメディアにも有料広告を出稿することが可能です。ただしソーシャルメディアをアーンドメディアとして捉えるならば、基本はユーザーの中での評判や評価にどのように向い合うのかを考えるのが先決でしょう。ソーシ

ャルメディアに広告を出稿したからといって、ユーザー間の自然発生的な評判や評価、クチコミを得られるわけではありません。ソーシャルメディアでの広告はあくまでも認知拡大や誘引施策がメインであると考えられます。

> 良い評判を獲得するには、ユーザーと向き合うしかありません。

👍 ワンポイント　LINEを活用したプロモーションサービス

LINEには広告ばかりではなく、LINEのサービスを利用したさまざまな販促・プロモーションサービスが用意されています。自社のキャラクターやオリジナルキャラクターを使ったスタンプをユーザーに無料、または条件付きで提供する「LINEプロモーションスタンプ」、自社商品の拡販に向けた各種キャンペ

ーンへの応募の仕組みを提供している「LINEで応募（旧LINEセールスプロモーション）」、LINEユーザーが動画の視聴やスライドの読了、実際の申し込みなどの指定条件をクリアした際にポイントを付与する「LINEポイントAD」など、広告閲覧に加えてユーザーの行動に直接働きかける施策サービスがあります。

▶ ユーザーに使われる広告「LINEプロモーションスタンプ」

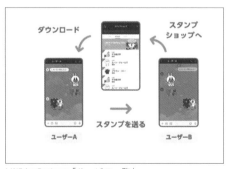

LINE for Business「サービス一覧」
https://www.linebiz.com/jp/service/

[メディアポリシーの策定]

43
ソーシャルメディア対応は
ポリシー作りから始めよう

**このレッスンの
ポイント**

ソーシャルメディアは消費者個人のプライベートなコミュニケーションの場でもあり、企業がマーケティング目的で入り込んでいく際、気をつけるべきことがあります。ソーシャルメディアに対するポリシーを決めておきましょう。

● まずは社内に対してのポリシー周知と体制作りから

インターネット上で批判が集中することを「炎上」と呼ぶようになってから15年以上が経っています。炎上に関してはさまざまな事例分類や研究が行われていますが、なぜ炎上が起きるのか、どうすれば起こさないのか、もし起きてしまった場合にはどのような対策が必要なのか、といった課題に対してはさまざまなケースが存在し、すべてに対して企業として先手を打っておくということは難しいと

いえるでしょう。しかし、炎上を起こさないための事前の策や、もし起きてしまった場合にそれをいち早く察知し対応をとっていくための体制作りはおろそかにしてはいけません。

まずは、企業としてのポリシーを設定し、それを社内に周知し、起きていることを吸い上げる体制の構築は、企業がソーシャルメディアに向きあう場合の最重要課題であるといえるでしょう。

▶ ポリシーの作成と周知 図表43-1

十分なポリシーの周知と理解
・企業のビジョンや社会に対する考え方
・ソーシャルメディアに対する考え方

素早い情報収集と対策判断をする体制

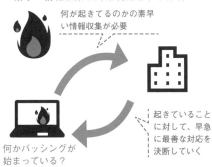

何が起きてるのかの素早い情報収集が必要

起きていることに対して、早急に最善の対応を決断していく

何かバッシングが始まっている？

ソーシャルメディアポリシーガイドライン

ガイドラインでは、企業の公式アカウントの目的や運用方法、発信内容、問い合わせ時の対応方法などのルールを定めるのと同時に、従業員や関係者に対してもルールを定めて浸透させていく必要があります。企業の公式アカウントでも、個人が実名で登録しているケースもあり、出身学校や勤務先の情報などを公開している人もいます。実名での登録をむやみに禁止する必要はありませんが、起こりうるリスクを理解し、正しい知識のもとでソーシャルメディアに向き合う必要があります。ガイドラインについては、既に多くの企業が策定し一般に公開をしています。また、一般社団法人インターネットコンテンツ審査監視機構などの団体でも策定の手引きを提供しています。

▶ インターネットコンテンツ審査監視機構「ソーシャルメディア・ポリシ策定の手引き」
https://i-roi.jp/download/2011/10/ver10.html

ガイドライン策定のポイント

一般社団法人インターネットコンテンツ審査監視機構では、ソーシャルメディアポリシーを策定するにあたって盛り込むべき項目を「従業員並びに関係者に対しての事項」「公式アカウント運用担関係者に対しての事項」の2つに分類し提案しています。

▶ ガイドラインの策定ポイント 図表43-2

---

①従業員並びに関係者に対しての事項目的
- ソーシャルメディアの定義
- 法令の順守
- 個人情報やプライバシーへの配慮
- 社内規則の順守
- 機密情報の保護
- 慎重な情報発信
- 誠実で責任ある行動

---

②公式アカウント運用担当者たる従業員等に適用される事項
- 組織を代表する自覚
- 透明性と情報の正確性の確保
- 相手への配慮
- 相手への経緯、不快な発言の禁止、慎重な判断を要する話題への対処
- 訂正の際の注意事項
- 迅速な対応
- ソーシャルメディアを利用する目的、担当者担当部署の属性、対応可能な範囲の明記
- 有益な情報が期待されていることの自覚
- 更新アカウントとパスワードの管理
- 複数人で公式アカウントを管理委運用する際の注意事項
- ソーシャルメディアの利用場所と機器

○ リスクマネジメントと他部署の連携

誰でも自由に投稿できるソーシャルメディアでは、企業側がどんなに注意しても、何かのきっかけで ネガティブな話題が起きることはあります。その際、初期対応をどのように取っていくかが重要です。トラブルの際には、ソーシャル担当者だけで対応するのではなく、広報・営業・法務などと連携をしながら、全社的な対応をすべきです。例えば、あるユーザーが購入した商品の不備を写真付きで投稿し、企業アカウント向けに問い合わせを

してきたとします。企業アカウントの担当者は、まずはユーザーとコンタクトするだけでなく、営業部門や生産部門などと連携し事実確認をすべきです。ネガティブな情報が拡散してしまっている場合は、会社として正式なリリースを出す必要もあるでしょう。その場合は、広報や法務といった部門との連携も必要となりますし、問題が大きくなる場合には経営的な判断が必要となってくるケースもあります。

▶ 炎上、クレームなどへの対応方針 図表43-3

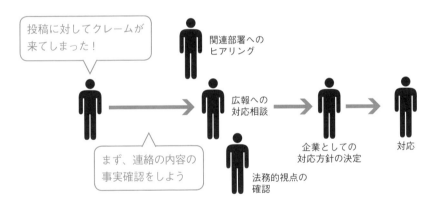

炎上は、誰にでも起こる可能性があります。企業でソーシャルメディアを運営するなら、事前に体制を検討しておきましょう。

[炎上への対応]

44

炎上が起きる原因と種類について理解しておこう

このレッスンの
ポイント

近年では企業のSNSアカウントに対する炎上は、企業やブランドに与える影響や損失コストも大きくなっているように見受けられます。どのようなことが炎上につながるか、まずは確認し、未然に防ぐ体制づくりに役立てましょう。

◯ 炎上のきっかけとなる活動や発言

炎上が起きるきっかけやその広がりについてはさまざまですが、企業の従業員の行動や発言がきっかけとなるケースと、企業の活動や施策がきっかけとなってしまうケースの大きく2つに分けられます。前者は、いわゆる「バイトテロ」ともいわれるような、従業員の何気ない行動やソーシャルメディアへの投稿をきっかけに、従業員個人や企業に対して批判が発生する炎上です。このケースは、企業が従業員に対し企業理念やポリシー（Lesson 43参照）を周知徹底させる教育

や研修で、ある程度防ぐことが可能です。
一方後者は、企業の活動や施策そのものが批判の対象になる炎上です。差別的な内容や、人を不快にさせるような施策を企業が実施してしまった結果です。本来、企業活動はさまざまな意思決定のプロセスを経て承認されたはずですが、そのプロセスが十分だったとしても批判を受けることは当然あり得ます。この場合、炎上後に迅速な対応を進められる事前の体制作り、連絡経路作りが重要になってくるといえます。

▶ **炎上になるきっかけ** 図表44-1

従業員の行動や
発言

企業活動や施策

従業員に対して理念やポリシーを周知徹底しても、企業の活動や施策そのものが炎上してしまうこともある。

炎上が起きたときの対応

どれだけ炎上を起こさないように対応していたとしても、思いがけないところから起きてしまうこともあります。その場合の対応はどのようにすればいいでしょうか。基本的には起きていることに対して真摯に向き合いごまかすことはしないという点が最も大切になってくるでしょう。「一部の人が騒いでるだけである」「騒いでいる人が匿名である」「当社には非がない、いわれがない」などの理由から静観することだけは避けなければいけません。炎上が起きてしまえば、多くの顧客や取引先がその内容を知ることととなり企業のブランドやイメージに対して何の影響もないということはありえないのです。

▶ 炎上に対応する3つの軸 図表44-2

- A. すみやかな対応
- B. 誰にどう謝るのか、謝らないのかを判断する
- C. ごまかさない

出典：吉野ヒロコ『炎上する社会』(弘文堂)

> ソーシャルメディアにおけるネガティブ情報はすぐに拡散していくので、なにより迅速な対応を心掛けるべきです。

炎上対策の基本精神

騒動が発生した際には企業として何らかの声明を出すことが求められます。対応施策の発表までに時間がかかる場合でも、現時点において何が起きているのかといった企業が把握している内容を明確にし、いつまでに対策を発表するのかを公表する必要があります。次に、原因を十分に把握し、企業として謝罪する必要があるのかを判断した上で、どのような対応を行うか明確にしていく必要があるでしょう。また、その際には炎上の発端となった事象や発言などの削除については慎重に行う必要があります。例えば、自社の発言が規則や規範に反した行為であると明確な場合には早急に削除する必要があります。一方で、顧客の声やコメントが炎上の発端だった場合、その声やコメントを一方的に削除すると「なぜ削除したのだ」「隠匿を図ろうとしている」「顧客の声を聞かない企業である」と、かえって火に油を注ぐ場合があります。

● 炎上の種類

図表44-3 の表は、ネットにおける炎上を「炎上の対象は誰か」「炎上が起きた発端はどのような行動なのか」「考えられる対応は何か」の3つに分類し、その詳細を整理したものです。

「炎上が起きた発端はどのような行動なのか」については、あらためて注意をしておく必要がありますが、対応については「社内でどのような手順や判断が必要なのか」という危機管理体制の整備指針の参考になるでしょう。

▶ 炎上の種類と分類 図表44-3

番号	大分類	記号	小分類
①	誰か	A	著名人
		B	法人等
		C	一般人
②	何をしたか	Ⅰ	反社会的行為や規則／規範に反した行為（の告白・予告）
		Ⅱ	何かを批判する、あるいは暴言を吐く（政治・宗教・ネット等に対して）。デリカシーのない発言をする。特定の層を不快にさせるような発言・行為をする
		Ⅲ	自作自演、ステルスマーケティング、捏造の露呈
		Ⅳ	ファンを刺激（恋愛スキャンダル・特権の利用）
		Ⅴ	他者と誤解される
③	対応	あ	挑発、反論、主張をとおす
		い	コメント削除
		う	無視
		え	謝罪、発言自体の削除、発言撤回の発表

出典：田中辰雄・山口真一『ネット炎上の研究』（勁草書房）

炎上対策はブランドを管理するためにも重要です。企業としての体制をしっかり整えましょう。

Chapter 4　ソーシャルメディアで消費者に正しく向き合おう

Chapter

5

購入に至るまでの
消費行動について
学ぼう

消費者の行動をデータで捉えようとするデジタルマーケティングにおいて、消費者がどのようにして購入に至るのかを理解することは、より重要な知識となってきています。

45 「より良い消費をしたい」と思う消費者の行動について深く知ろう

このレッスンの
ポイント

消費者は消費をするときには「より良い消費をしたい」「失敗したくない」と常に考え、知らず知らずのうちにより良い選択のための情報を集めています。ここでは、自分自身のことも振り返りながら「消費行動」を考えてみましょう。

○ 買う理由を理解しないとマーケティングは空振り

消費者の気持ちをくすぐり「そんな商品があるなら欲しいなぁ」といった欲求を作ったり、どちらを買おうか迷ったときに「こっちにしてみようかな」と背中を押すのもマーケティングの大切な役割です。そのためには、消費者の買う理由やどういうときに買おうと思うのか、買うときには何を基準に選択をするのかということを理解しておきましょう。

社内マーケターはどうしても、商品性能や競合他社と比較など、商品の売り手視点でプランを作ってしまいがちですが、どんなに商品の魅力を並べても、それが消費者にとって魅力の対象でなければスルーされてしまいます。消費者の購入する理由を知ったうえで、その理由に合わせた商品訴求でないと、門前払いされてしまうのです。

▶ 「理由」にはまるメッセージが大切 図表45-1

次買うパソコンは、軽さとバッテリー寿命の長さをポイントにしたいんだけどな……

消費者

新発売のパソコンは、画面が大きくて処理速度が速いのがポイントです！

◯ 消費者の願いは「より良い消費」「失敗しない買い物」

私たちは、商品の購入やサービスの提供を受けようとする場合には、誰もが「同じ値段であればより高品質なもの、同じ品質だったらより安いもの」を求めているといっていいでしょう。一方で、時にはお金に糸目をつけず「とにかく良いもの」を求める場合もあります。「より良い消費」のために、さまざまな情報を参考にして判断しています。

このような日常的な消費に関する行動を解き明かしていこうとするのが「消費行動」の分析です。消費行動にはいくつか

モデルがあると考えられていますが、そのなかでも「消費者意思決定過程モデル」と呼ばれるものが代表的です。

これは、消費行動を購入前の「情報処理プロセス」と、購入の段階での「購買意思決定プロセス」の大きく2つのプロセスに分けて分析するものです。具体的には、購入前に「どのように商品情報やイメージが消費者の中に形成されるか」、購入の段階では「そのイメージがどのように消費者の記憶から呼び出されて決断をするのか」を考えるものです。

▶ 消費者意思決定過程モデル 図表45-2

〈情報処理プロセス〉
普段からさまざまな情報の入手や、購入や消費体験を通じて、商品に対してイメージを持つに至るプロセス

〈購買意思決定プロセス〉
買う理由が発生してから、実際の購入から消費・破棄に至るまでの意思決定プロセス

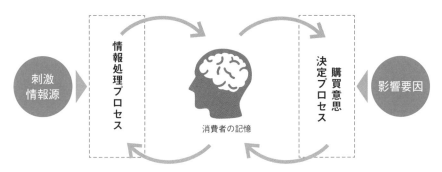

刺激情報源 → 情報処理プロセス ⇄ 消費者の記憶 ⇄ 購買意思決定プロセス ← 影響要因

購入前の「情報処理プロセス」を次のLesson 46、「購買意思決定プロセス」をLesson 47 で解説していきましょう。

46 ［情報処理プロセス］
「自分ごと」と感じられるものが記憶に残るプロセスを理解しよう

このレッスンのポイント

Lesson 45で解説した消費行動のモデルのうち、購入前の「情報処理プロセス」について解説しましょう。情報に接してそれが記憶に残るまでには段階がありますが、そこでは「自分ごと」と感じるかどうかが記憶形成を左右します。

⬤ 商品の記憶が残るまでの情報処理フローを知る

私たちは、普段意識しているかどうかにかかわらずさまざまな情報に接していますが、情報に対して「接触」「注目」「理解」「受容」「保持」といった態度や意識の段階的な変化を経て、記憶を形成すると考えられています。最初に接触する情報については、人の態度に何らかの影響を及ぼすスタート地点であり「刺激」と考えられています。人が情報という刺激に接触する場所はテレビや新聞、Webメディアなどがあげられますが、クチコミやソーシャルメディアなどで見たコメントなどを読むことも「刺激に接触する」といえます。

▶ 情報処理プロセスのフロー 図表46-1

情報接触段階

| 刺激 | 情報接触後の態度の変化 |

接触	注目	理解	受容	保持、記憶
単に、テレビや新聞などのメディアに接触する段階	メディアやメディア外の情報に気が付き注目（意識）する段階	情報が何の情報なのかを意識し理解する段階	自分ごととして受け入れる段階。自分とは無関係と拒否をするケースもある	情報を覚えておこうとキープする段階。不要と思えば覚えもしないケースもある

● 自分と何らかの「関わり」があると態度は変化する

情報に接触した後の態度は、その情報が自分と何らかの「関わり」があると感じられるかどうかで大きく異なってきます。自分の趣味やライフスタイルに合致していると感じられる情報については、何となく気にする心理が働きます。この関わりの感覚を、マーケティングでは「関与」と呼びます。デジタル時代では、自分の知りたいことをその場で検索することによって、自分が欲しい情報、思い入れやこだわりのある情報に簡単に接すること

ができます。そのため、「関与」の度合いの大きい情報に触れる傾向が強くなっているといえるでしょう。

なぜ「関与」が大切かといえば、人は情報への接触をきっかけに心が動かされた（態度が変化した）場合、大きく心が動かされれば動かされるほど記憶に残りやすいと考えられるからです。多くの人の感動を呼んだ映画や小説、事件が長く語り継がれるのと同じです。

● 消費者の関与を高めるための製品開発手法

生活者の製品への興味や関与を高めるため施策のひとつとして、製品の開発段階から消費者に参加してもらいながら製品を開発したり商品名を募集したりすることがあります。商品の広告やスーパーの店頭でも「お客様の声を生かした」「主婦の意見を形に」「女子高生が開発」などの

商品を見かけたことがあるでしょう。実際に開発に携わった人にとっては、自らの意見が反映されているので興味は高いのはもちろんですが、開発に携わった消費者と同じ環境や考え方、ライフスタイルを持つ人にとってみても、自分ごととして関与が高くなることが期待できます。

> マーケティングでは購入段階へのアプローチを考えることが多いですが、実はその前の段階で、企業が発する情報を「気にかけてもらう」ことを考えることも重要なのです。そのキーワードのひとつが、自分ごととして感じる「関与」なのです。

消費者が購入の判断をする プロセスを分析しよう

このレッスンの
ポイント

買う理由が発生してから、実際に購入に至るまでのプロセス を「購買意思決定プロセス」といいます。より販売に近いマー ケティング施策を検討する際には、このモデルを意識しな がら施策検討していくことがよく行われます。

○ 購入に至るプロセスは5つのステップで考える

Lesson 46では消費者の記憶に残るまでの 情報処理プロセスを学びましたが、次に 実際に購入に至る際にはどのような意思

決定を経ていくのかのプロセスを学んで みましょう。購買意思決定プロセスは、 次の5つのステップで考えられます。

▶ 購買意思決定プロセス 図表47-1

1. モチベーションの発生 — 何らかの問題意識やモチベー ションが発生した段階

2. 情報検索
自分の記憶や今ま での経験を振り返 って、あらたな情 報を検索する段階

3. 代替品評価
情報を集めて、い ろいろと比較をし 検討する段階

4. 購入
実際に、購入 の決断をする 段階

5. 消費後評価
購入後に感じる ことや、購入後に 行う行動の段階

内部検索

記憶

外部検索

◯ Step 1:モチベーションの発生

購入に至る最初のステップは、モチベーション（動機・問題意識）の発生です。いわば、「買う理由」の発生した後の「買おう！」「買わなきゃ！」と思う動機です。例えば、車を買い換えようとするモチベーションには、「車検時期が近づいた」「家族が増えた」「引っ越しをして住環境が変化した」「子供が成長して免許を取得した」など、さまざまな理由があります。

またジーンズを買おうとする理由にも「今まではいていたのが破れてしまった」「太ったのではけなくなってしまった」「流行おくれのデザインだから」「別な色のジーンズが欲しかった」「セールをしていたから」などの理由があるでしょう。「買う理由」が発生すると、消費者の意識や行動は次のステップである情報検索へと進みます。

▶「買う理由」の二大パターン 図表47-2

①商品自体の問題が発生した
例：電球が切れた。ジーンズが破けた。車検の時期が来た。賞味期限か切れた。在庫がなくなったなど

②自分自身や周囲に変化が起きた
例：20歳になった。家族が増えた。太った。痩せた。結婚した。引っ越しをしたなど

さまざまなモチベーションの発生からどうやって購入まで進むかは、自分が実際に何かを買った経験を自問自答してみるとよくわかります。168ページの「モチベーションリサーチ」をぜひ試してみてください。

👍ワンポイント 「買う理由」を刺激する施策

マーケティング施策では、あえて消費者に「買う理由」に気が付いてもらう施策を実施することがあります。
例えば、「ニューモデル登場」「新機能搭載」キャンペーンは、消費者が保有している商品が古くなり陳腐化していることを訴求し、現状に問題があるかのような状況を作り出しています。また、「糖質ゼロ！」「カロリーゼロ！」といった商品の特徴を訴求することによって、今まで気が付いていなかった健康に対する意識に変化をもたらそうとする場合もあります。

◯ Step 2:情報検索

モチベーションが発生すると、次にはベストな選択を求めて情報を集めはじめます。それを「情報検索」プロセスといいます。情報検索には、自分の過去の記憶や経験に頼る方法（内部検索）と実際に新しい情報を探す方法（外部検索）があります。内部検索では、自らがすでに持っている情報や商品知識、ブランドイメージを参考にして消費行動を進めていこうとします。一方、外部検索では新たなソースに情報を求めます。店舗散策や友人知人への相談、雑誌などでの情報収集をはじめ、検索エンジンを使ったり、リンクをたどってWebサイトを探しまわることも外部検索にあたります。

▶ 情報検索における内部検索と外部検索　図表47-3

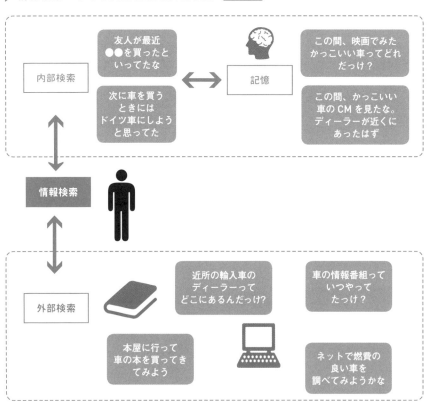

⬤ Step 3：比較検討と代替品

次は、Step 2で収集してきた情報をもとに、さまざまな側面から商品の比較検討を行います。購入候補とした商品のブランド、スペックやデザイン、価格、入手の仕方などを調べるでしょう。

この比較検討のステップでは、「代替品」も比較検討対象になることに注意が必要です。代替品とは、その商品のカテゴリーに属さないが、同じ目的を果たせるもののことです。例えば、自家用車を購入検討する場合は、通常だと競合となる自動車メーカー同士や車種ごとの比較検討になると考えられますが、実はカーシェアリングやレンタカー、タクシーなども比較対象になります。これを代替品と呼びます。現在の商品やサービスは、より多機能になってきているので、スマートフォンの撮影機能によってコンパクトカメラが不要になってしまうように、消費者にとっての代替品を含む選択肢が多くなっています。

▶ 代替品の例 図表47-4

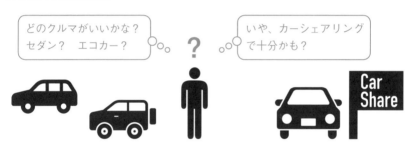

> どのクルマがいいかな？
> セダン？　エコカー？

?

> いや、カーシェアリング
> で十分かも？

> 近年では、新しく生まれたサービスが商品（モノ）の代替品となりうる場合があります。まさに、モノの価値ではなく、サービスとしての価値を考えていく時代へと変化しています。

NEXT PAGE ➡

○ Step 4：購入

購入段階では、さまざまな情報をもとに最終判断を行いますが、商品情報以外にもその判断に影響を与えるものがあることに注目しましょう。ここでは、内的要因と外的要因を取り上げます 図表47-5 。

内的要因は、自分の考えや信念（個人的理由）をベースにした判断基準です。自分自身の好き嫌いやこだわり、過去の経験や価値観といった他人の判断が入る余地のない自分だけが持っている購入の理由のことをいいます。

これに対し、外的要因は、家族や友人の意見や態度、ECサイトのレビューなどの他者の評価（社会的理由）をいいます。

「若いのに偉そうにしている奴と見られると嫌だから、高級な時計は買わない」「部長になったから、次は高級ブランドのスーツでも」といった、周りから自分はどう見られているのかという意識です。また、「著名人がすすめていたから」といった第三者に判断基準をゆだねることも含みます。

さらに、この段階では買いやすさ、入手しやすさといった、商品以外の要素も購入に大きく影響を与えます 図表47-6 。ECサイトであれば、商品の見つけやすさや選択しやすさ、買いやすさも購入判断を左右します。消費者が購入を決めていたのに、Webサイトのユーザービリティが悪かったがために離脱してしまうこともあります。

▶ 購入を左右する要因 図表47-5

内的要因
自分自身の好み、
こだわり、
過去の経験、価値観、
ライフスタイルなど

外的要因
社会的地位、所属している
集団（学校、会社、街）
流行、有名人の着ている服、
友人の意見など

都会風より自然派テイストが好きなので、家具は木の材質にこだわりたい

仕事も家庭も両立させたいので、家事はなるべく電気製品に任せたい。買うなら高くても構わないので絶対に高機能の電気製品がいい

自家用車を購入したいけど、部長よりもグレードの高い車はやめたほうがいいかな

社会人らしいスーツに似合う落ち着いた時計が欲しい。去年はやっていたドラマで主人公が着けていた時計がかっこよかったな

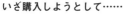

▶ 購入を阻害する多くの要因 図表47-6

いざ購入しようとして……

買う気が失せた

決済の使い勝手が悪い

在庫切れ

商品が見つからない

他店より値段が高い

住所番地を全角入力だと？

購入の判断は、自分の好みだけで成り立つわけではありません。

○ Step 5:消費後の評価

購入プロセスは購買後の行動までを含めて考えます。購入にあたっては、その商品を購入するにあたっての期待があります。購入後の利用（消費）の時点で、購入者は自分の期待を上回ったのか、下回ってしまったのかを評価します。その評価によって、「次も購入する」「もう購入しない」「他人に積極的にすすめる」「積極的にはすすめないが否定もしない」などの行動が変わってきます。

消費者が購入時や使用時の感想をソーシャルメディアやサイトのレビューにアップするケースが多いため、その情報をStep 1〜3の消費者が参考にすることもよく起こります。

消費者自身による推薦の言葉は最も営業力のあるセールストークです。その声を消費者自身が発しやすくなるような環境と仕組み作りに加えて、積極的に声に耳を傾け、その声を活用したマーケティング活動が一層重要になってきています。

以上、典型的な購入行動のプロセスを見てきましたが、実際の進み方は順番が前後する場合もあるでしょう。しかし、基本的なプロセスを知っておくことは、マーケティング施策をどのように組み立てていくのかを考えていく際に非常に役立つことでしょう。

○ モチベーションリサーチで購入に至る動機を知る

このレッスンで学んだ消費者のニーズや購入動機を調査する方法を、「モチベーションリサーチ」といいます。モチベーションリサーチにはさまざまなメソッドがありますが、ここでは「購入動機」「情報検索」「代替品」「比較検討」「消費」といった「購入プロセス」に沿ったアンケート例をあげました。

私たちは、何気ない買い物であっても知らず知らずのうちにさまざまな判断をしています。モチベーションリサーチを自分で回答してみると、多様な選択肢があることに気づくはずです。また、知人や同僚などにも回答してもらえば選択理由がまったく異なることがわかります。そのとき、「なぜ、自分とは異なる購入理由なのか」を詳しく聞いてみたり考えてみたりする癖をつけると、人がどのような考えで購入をしているのか、考察を深める訓練となります。

▶ 購入理由を探るヒアリング例（モチベーションリサーチ） 図表47-7

【購入したもの】「ビデオカメラ」

 Aさんの回答　 Bさんの回答

	Aさんの回答	Bさんの回答
どうしてそれを買おうと思ったのですか？（動機）	子供のスポーツの試合を撮影するため	自分でスポーツをするのが好きなので、自分や友人の試合を録画するため
何を参考にしましたか？（情報検索）	テレビCMでやってきた製品を最初に見て、店頭でカタログをもらってきた。価格は価格.comで調べた	Facebookでみんなが使っているのが欲しくて、なにを使っているのかを友人に聞いた
何とどういう点を比較しましたか？（代替品・比較検討）	スポーツ専用の防水のカメラと通常の家庭用カメラ家内も使うので、操作方法がわかりやすい点	スキーやサーフィンの時も使いたいので、防水機能は必須。ズームはいらないので、専用のものを探した
選んだ決め手は何ですか？（購入）	三脚や防水パックなど純正のアクセサリーが充実しているもの。子供の大切な映像なので評判の良いメーカーを選択	軽量なもの　体に取り付けるアタッチメントが豊富なもの　自宅のパソコンへの取り込みが楽
購入後どうしましたか？（消費後評価）	持ち運び用に汎用のバッグも買った	スポーツをしに出かける回数が増えた

検討や選択に影響を与える要因を理解しよう

**このレッスンの
ポイント**

Lesson 47では消費者の購入のプロセスの中で私たちは社会や知人からの影響も受けていることを学びました。情報があふれている現代社会では、どのようなものが消費に影響しているのかをもう少し詳しく考えてみましょう。

● 消費に影響を与える2つの集団

私たちは、自分だけで消費を考えているようであっても、周囲の人々にも大きな影響を受けています。まず、一緒に買い物に行ったりする人や家族、学校や地域の仲間といった、自分が所属する集団の意見があります。他方、自身がモデルケースとするようなタレントやモデル、

「○○のカリスマ」といった人たち、あるいは教授や研究者など自分が所属しない集団の意見も消費に大きな影響を与えると考えられています。

マーケティング用語としては自分たちに重要な影響を与える個人や集団、人間関係のことを「準拠集団」といいます。

▶ 影響を与える2つの集団 図表48-1

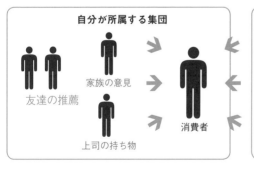

人の行動は、自らの環境に多く影響を受けています。マーケティング施策はターゲットだけに届けばいいというものではなく、社会全体に働きかける必要もあるのだといえます。

NEXT PAGE →

社会現象（流行やトレンド）も購買行動に影響を与える

何かのきっかけである商品が話題になり、品薄で店頭から商品がなくなってプレミアがつくほど人気になることがあります。「たくさんの人が持っているから安心」「みんな持っているから私も持っていないと仲間外れになる」などの心理が働いているといわれていますが、人気のあるものがより強く支持される現象を「バンドワゴン効果」と呼びます。バンドワゴンとは行列で一番前を行く音楽隊のことで、にぎやかなほうに人が寄っていく心理を表しています。逆に、人が持っているものはいらないという希少性のあるものを好む心理を「スノッブ効果」と呼びます。

バンドワゴン効果も、スノッブ効果も「他人がどのような考えを持って行動しているのか」「他人から見て自分がどう思われるのか」といった、他者との関係性の中でその商品がどのように扱われているのかであり、これも購買行動に大きな影響があると考えられています。

消費者はいつも合理的に判断するばかりではない

伝統的な経済学の世界では、人は経済的な合理性に基づいて行動する「経済人（ホモ・エコノミカス）」として捉え、何か選択するときには最も合理的な意思決定を行うと考えられてきました。しかし現在、より柔軟な考え方を心理学などから取り入れた行動経済学では「人間は、時折非合理的な判断や行動をする」と考えられています。

実際、私たちの購買行動を振り返ってみると、「仕様や値段はAのほうがいいのに、ついBを買ってしまった」「Cを買いに行ったのに、Dを買って帰ってきた」ということが時折あることでしょう。

人間には合理性を追い求める側面と、非合理な行動をしてしまう側面の両方があり、マーケティングも論理的な施策ばかりが成功するわけではありません。そこがマーケティングの難しさでもあり面白さでもあるのです。

▶ 非合理的な購入理由の例 図表48-2

買いに行ったのだけどあまり人気がないみたいなので買わなかった

「最後のひとつで、次の入荷はない」といわれたので、ついその場で買ってしまった

ゲームでずいぶんと課金しているからいまさらやめられない

別のお店の方が気に入った色があったのだけど、ポイントがたまるからこっちで買った

49 ［消費行動分析の応用］
ランディングページを行動心理の観点から分析してみよう

このレッスンの
ポイント

「購買意思決定プロセス」は、ECサイトのランディングページなどに、その流れが利用されています。サンプルWebページを使い、どのような手法で消費者を購入まで導いていこうとしているのかを分析してみましょう。

○ 購買意思決定プロセスに即した訴求の具体例

Lesson 47で解説した「購買意思決定プロセス」の利用されているECサイトのサンプルをもとに、どような心理に働きかけているか順を追って解説していきます。

広告で消費者に対して課題提起を行う

購買意思決定プロセスの一歩は、「モチベーションの発生」です。ターゲットの今まさに直面している課題を訴求したり、「もしかしたらこういうことを課題と感じていませんか？」と提案したりするコミュニケーションは、広告をベースに行うことが多いといえます。

ターゲットに対して直接的なアプローチを行うときには、ターゲットの課題に沿ったインパクトのあるメッセージを訴求していきましょう。

▶ 消費者の課題に合わせた
メッセージ 図表49-1

○△ **ヘルスケア**

**50代、
最近気がつくと
ため息をついていることは
ありませんか？**

**あなたの健康年齢チェックをしてみませんか？
Click!**

まずはターゲットの悩みや課題に語りかけてみましょう。

モチベーションの発生

情報
検索 ▶ 代替品
評価 ▶ 購入 ▶ 消費後
評価

NEXT PAGE →

「自分ごと」として認識してもらう具体事例の提示

引き続き、「モチベーションの発生」のプロセスです。ディスプレイ広告はスペースが限定されているために、フックになるようなメインメッセージしか伝えることができません。ランディングページの最初においては、より具体的にターゲットの問題意識の掘り起こしを行います。

ここでは、実際に広告ターゲットが実際に悩んでいると思われるようなケースを提示して、「思い当たることはないか」と問いかけることによって、企業からのメッセージを「自分ごと」として課題認識してもらうための導入メッセージを発しています。

▶「自分ごと」の具体例 図表49-2

課題解決としての情報提供

通常の消費行動では、自分の課題を認識したのちに、情報を集めていろいろと課題を解決する方法を検討する段階に入ります。ここでは、おすすめの商品とその商品情報の提供を行っています。企業がすすめる商品はどのような特徴を持っているのか、なぜ企業はその商品を消費者にすすめるのかといった理由や、購入することによる消費のメリットは何かについて、原材料やスペックの紹介などを行いながら、商品に対しての理解を進めてもらうような情報提供を行っています。

▶ 課題の解決 図表49-3

代替品・評価のサポート

また、競合商品との優位性や代替品との比較についても十分に情報を提供することは、ターゲットの商品理解や選択基準の明確化をサポートします。代替品についてもきちんと提示しながら、素材の産地や品質、コスト優位性、入手のしやすさなどを訴求したり、ブランドの信頼性訴求や自社商品の販売実績などを提示したりする手法もよく行われます。

▶ 判断材料の提供 図表49-4

購入検討に影響を与える要因を考慮する

購入検討にあたって、ターゲットは準拠する集団にも影響を受けます。例えば、ターゲットのあこがれているタレントや有名なスポーツ選手がすすめているコメントを使用したり、ターゲットと近いプロフィールを持つ人のリアルなレビューなどを使ったりすることによって、自分にふさわしいより親しみのある商品であることを訴求することが可能でしょう。

▶ 外的影響 図表49-5

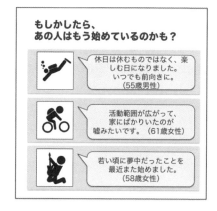

具体的なオファー内容の提示

購入促進の最後に購入の優位性をオファーします。購入にあたってどのような買い方があるのか、どのような買い方が他のユーザーに人気か、売れているものは何か、あるいは返品に関するキャンセルポリシーなども同時に明示すると、購入へのハードルは下がっていくでしょう。

▶ 購入の後押し 図表49-6

サンクスページでリピートやシェアを促す

購入処理の完了時に表示させるサンクスページは、商品の評価や次の購入につなげるための大切なページです。シェアボタンを設置すれば、購入者がその場で「買ってよかった」と自分自身の買い物の評価でき、さらに商品情報の拡散を期待できます。また、購入した商品に関する追加情報や特典の提供も有効です。

▶ 購入の後押し 図表49-7

このように、消費行動における心理変化を理解しておくことはサイトフロー検討時も参考になるでしょう。

Chapter

6

トータルな
デジタルプランニング
に向けて

最後にこれまで学んできた
内容を踏まえながら、実際
のマーケティングプランを
組み立てて、全体像をまと
めていくためのヒントを整理
してみましょう。

Lesson [施策の3つのタイプ]

50

目的を見極めて施策をプランニングしよう

このレッスンのポイント

この章では、代表的なマーケティングプランを学びます。マーケティングプランを練る際に最低限整理しておくといい基本戦略と施策タイプを、対見込み客、対顧客、対マーケットの3つに分けて考えます。

⭕ マーケティング施策の基本戦略

Lesson 05で、売上は単価と量に分解でき、量は顧客数、販売個数、販売回数に分類できると学びました。そこで売上を上げるには、単価、顧客数、購入個数、購入頻度の各要素を増やせばいい、と確認しました。これらを増やしていくためには、根本的に、以下のような施策目的を持つことになります。

▶ 売上の分解と施策目的 図表50-1

$$売上 = 単価 \times 量$$

$$売上 = 単価 \times (客数 \times 個数 \times 頻度)$$

単価	=	消費者に価値を認めてもらい、その金額を払ってもいいと納得してもらう
客数	=	既存顧客をつなぎとめ、常に新規顧客を獲得する
個数	=	既存顧客には継続して購入することを納得してもらう。休眠顧客には、再び商品の価値を認識してもらい購入を再開してもらう
頻度	=	消費を促し、何度も購入してもらう

売上の構成要素からどれを増やすかを決めれば、「施策目的」もおのずと見えてきます。

176

● ターゲットに対応する3タイプの施策

売上のための要素を向上させる施策は、多くの場合、以下の3つのパターンのうちどれかに当てはまります。すなわち、今まで購入したことのない消費者に対して購入を促す「新規顧客獲得（Type 1）」、継続的あるいは非継続的にではあるが購入や使用経験のある消費者に向けて個数や回数を増やしてもらう「既存顧客の活性化（Type 2）」、購入実績を問わずにマーケット（世の中）全体に対しての知名度やイメージ向上を目指す「認知・ブランド価値向上（Type 3）」の3つです。

また、各顧客像については、Lesson 26でも学んだペルソナを考える方法や、シンプルに年齢や性別といったデモグラフィックな視点、興味関心といったサイコグラフィックな視点などから整理をする方法があります。

それぞれの施策について次のレッスンから紹介していきましょう。

▶ 目的別ターゲット選定とマーケティング施策の分類 **図表50-2**

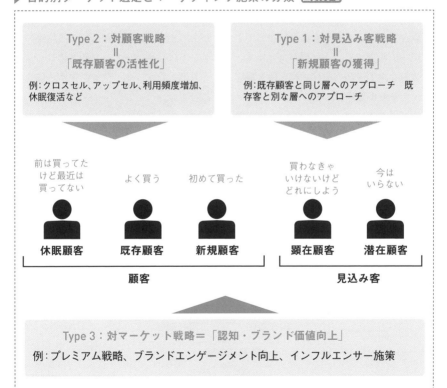

Lesson

51

[タイプ1:新規顧客獲得アプローチ]

新しい顧客を獲得していくには

このレッスンの
ポイント

まだ自社製品を購入していない見込み客向け施策には、顕在顧客向けと潜在顧客向けの施策があります。どちらの場合も、まずは「どのような顧客像なのか」と「顧客のニーズはどこにあるのか」を整理していきましょう。

◯ 見込み客へのアプローチはニーズの見極めから

新規顧客の獲得では、見込み客のニーズが顕在化しているかいないかによってアプローチを変えていく必要があります。具体的な施策を組む前に、顧客像と顧客ニーズをまず整理します。

例えば 図表51-1 のノートパソコンの例であれば、顕在顧客については、顧客の商品購買条件を明確にします。潜在顧客については顕在顧客よりも明確になっていない購入の可能性を突き詰めていく必要があります。顕在顧客に対する施策のポイントは、明確になった顧客のニーズをくみ取ったメッセージを企業から伝えることです。

いずれにしても、メッセージ訴求のためには顧客のニーズに合致した商品特長（強み）と買わない理由（弱み）を同時に考えていく必要があります。

▶ 見込み客へのアプローチ 図表51-1

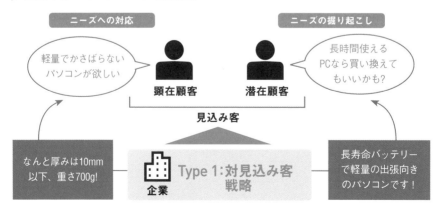

● 顕在顧客にはニーズに具体的に応える

顕在ニーズの例として、ファミリーカーについて考えてみましょう。家族構成の変化や、ライフステージの区切り目にクルマを買い換えるケースはよくあります。例えば、「まもなく2人目の子供が生まれる」といった家族では、子供や母親にとって乗り降りが楽で、さらに赤ちゃんの身の回り品や家族の荷物がたくさん積める

クルマが欲しいといったニーズが顕在化します。この場合、企業からのオファーとしては、「スライドドアで3列シート」「ワゴンタイプのボディーなので荷物がたっぷり積める」といったように、具体的なメリットや特徴をしっかりと述べることが重要です。

● 潜在顧客にはニーズの掘り起こし施策が必要

一方、潜在顧客はまだニーズが生まれていない状態なので、隠れているニーズを掘り起こしていくメッセージ作りがポイントになってきます。

図表51-1 のノートパソコンを再び例にあげれば、本人はノートパソコンをすでに所有しており、もう1台必要とは思っていません。しかし、潜在的には外出先でバッテリーが切れやすかったり、本体が重

いという不満を抱えています。このような抱えている不満を掘り出して捉え、商品メッセージとして伝えるのがポイントです。同じ商品であってもメッセージの伝え方でニーズの掘り起こしになったりならなかったりするわけです。

以下に紹介する事例は、社会全体としての潜在ニーズの掘り起こしをした伝説的なものです。

🔄 事例研究 ソニー「ウォークマン」の例

音楽好きの人は、「いつでも好きな音楽をいい音質で聴いていたい」という願望を過去からひそかにずっと持っていたと思います。しかし、そのような商品がウォークマン以前にはありませんでした。ウォークマンという商品を世に出すことによって、ひそかに思っていた願望（潜在ニーズ）を刺激し、新規マーケットを作り上げていったひとつの例といえるでしょう。

1979年に発売された「ウォークマン」の一号機「TPS-L2」。カップルで楽しめるようにヘッドホンのジャックが2つあった。

○ 拡大を目指すターゲットは既存顧客層か、違う層か

「新規顧客を増やしたい」と一言に言っても、既存顧客と同じ層の人たちを新たに顧客としようとするのか、それともまったく異なる人たちを顧客にしようとするのかによって、考え方や施策は大きく変わってきます。

一般に、既存の顧客と似た層を取り込もうとする場合には、伝えるべき商品の特徴やポイントをそのままに、ターゲット像を広げていくという方針で進められます。一方、異なる層を狙っていく場合には、

あらためてターゲット顧客を想定し、そのニーズを把握し、訴求ポイントや訴求方法を練り直す必要があります。

キャンペーン施策案としては、広告出稿プランを修正して新たなターゲットへ商品の認知を広げていく施策に加えて、トライアル購入を促す試供品の提供、初回・期間限定の割引キャンペーン、店頭への来店を促す無料相談や無料診断などがよく行われています。

▶ ターゲット像の違いと施策の違い 図表51-3

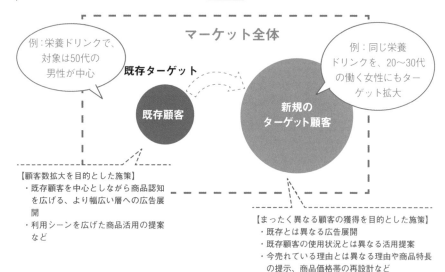

例：栄養ドリンクで、対象は50代の男性が中心

マーケット全体

既存ターゲット

既存顧客

新規の
ターゲット顧客

例：同じ栄養ドリンクを、20～30代の働く女性にもターゲット拡大

【顧客数拡大を目的とした施策】
・既存顧客を中心としながら商品認知を広げる、より幅広い層への広告展開
・利用シーンを広げた商品活用の提案など

【まったく異なる顧客の獲得を目的とした施策】
・既存とは異なる広告展開
・既存顧客の使用状況とは異なる活用提案
・今売れている理由とは異なる理由や商品特長の提示、商品価格帯の再設計など

商品を「今売れている理由」で広めるか「まったく異なる理由」で広めるかでは、当然ながら施策もまったく変わります。

🔄 事例研究　既存顧客と同じ層をターゲットとした事例

既存顧客と同じターゲット層を狙って顧客数を拡大しようとする場合には、まず現在の顧客層の分析から始めます。ある化粧品メーカーでは、購入者の年齢を調査し、最も購入量の多い年代に向けて「無料お試しセット」提供のプロモーションを実施することによって初回のトライアル促進を行っています。

さらに、お試しセットを送付するときに

は、申し込み時に記入された消費者のプロフィールや肌の悩みなどの情報と、自社の顧客情報や販売情報を照らし合わせて、消費者の悩みに応じた細かいケア方法やおすすめ商品の紹介といった情報でアプローチを行っています。既存の顧客データを新規顧客獲得に活用している事例だといえます。

既存顧客と同じターゲット層に対して「無料お試しセット」の施策を行い、新規獲得の拡大に成功した。

🔄 事例研究　想定する顧客とは異なるターゲット事例

同様のニーズを持つターゲットを探した結果、既存顧客とは異なる顧客層を発見することがあります。

ある電動歯ブラシのメーカーは、本来若い女性向けに製品を発売しましたが、実際には、中高年の男性も多く購入していることがわかりました。そこで、若い女性、OL向けだけでなく男性向けの大型ブラシやパッケージも開発しました。

また、広告展開にも変更を加えて、男性向けのプロモーション展開を推進することによってさらにニーズを喚起することに成功しました。現在も、顧客層を広げる施策を展開しています。また、もともとコンパクトな機器ということもあり「親による幼児や子供の仕上げ磨き」といった新しい需要の喚起にも取り組んでいます。

想定と異なる顧客層を発見し、すかさず積極的に広告展開をすることで、既存顧客とは異なるターゲットの新規獲得に成功した。

[タイプ2:既存顧客の活性化アプローチ]

52 今の顧客を活性化させるには

**このレッスンの
ポイント**

既存顧客の活性化施策では、単価の高いサービスや商品を
おすすめしたり（アップセル）、同時購入を増やしたりといった施策（クロスセル）がメインとなります。ここでは生
涯での購入金額を上げる「回数」という概念に注目します。

⬤ 購入回数を増やすための施策

既存顧客の活性化には、アップセルとクロスセルがあり、既存顧客に上位ランクの商品などを販売する施策がアップセル、関連商品を販売する施策がクロスセルです。アップセルで高額商品の販売に切り替われば売上は当然上がりますが、クロスセルで購入する商品点数や種類が増えても、やはり売上は増えていきます。購入回数を増やすにはさまざまな方法があります。例えば、1日2回しか歯磨きをしない人に対して3日歯磨きをすることを

おすすめしたり、雨の日用防水スプレーを晴れている日にも「汚れ付着防止」として使うように提案すれば、消費量が増え、購入回数が増えていきます。また、消費者がブランドのファンになることで同じメーカー品で買い揃えようとすることなども活性化につながります。ただし、休眠顧客については対策が異なり、購入をしていない理由を調査し、あらためて購入阻害要因の排除とニーズの掘り起こしから進めていく必要があります。

▶ **既存顧客へのアプローチ** 図表52-1

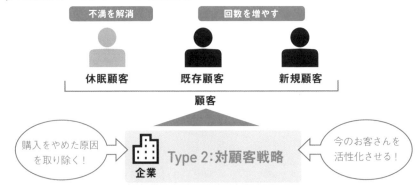

事例研究　楽器メーカーにおける既存顧客の活性化方法

ある楽器メーカーでは、音楽教室の運営や演奏技術に関する評価試験の実施、生徒参加の演奏コンクールやコンサートの実施、ユーザー同士のコミュニティの提供などを通じて、楽器や音楽のある生活へのバックアップに力を入れています。直接的な販売促進ではなく、使用機会や生活提案を行っていく中で、教則テキストやアクセサリー商品の販売（クロスセル）、より高価な楽器への買い替え（アップセル）を自然に促します。会員専用セール、紹介キャンペーン、ポイント特典などといった顧客活性化にはおなじみの施策もあります。さらに、新製品発表時の「ユーザー先行新商品発売キャンペーン」や「先行内覧会」「先行予約受付」といった先行特典、情報提供を通じた需要喚起や「下取りキャンペーン」提供も有用な施策でしょう。音楽教室の運営をすることで、顧客のプロフィールはもちろん、保有している楽器、レッスンの進行度などをトータルで把握することが可能となり、CRM（カスタマーリレーションマーケティング）への取り組みも行うことができるようになります。

施策1
試験や演奏会の実施で
コミュニティを強化

施策2
教材やアクセサリー販売
のクロスセルや、アップ
セルの買い換え

施策3
会員制や友達紹介、
先行内覧会などお得意様
の優遇制度

⊙ 消費者は気まぐれ

マーケット全体を考えてみると、「今、自社の商品を使用している顧客」が、常に自社の製品を購入しつづける保証はありません。顧客を増やすために見込み客に気を取られると、既存顧客へのケアがおろそかになり、逃げられてしまいます。かといって、既存顧客施策ばかりに集中しては、見込み客が競合他社に奪われてしまいます。

また、マーケット全体に対してのコミュニケーションをおろそかにしてしまうと、認知度が低くなってしまうということも起こります。

顧客はとても移り気で、何かのきっかけで競合他社の顧客となる可能性も高いのだとあらためて認識しておきましょう。

[タイプ3：認知・ブランド価値向上アプローチ]

53 マーケット全体に対して アプローチするには

このレッスンの ポイント

知名度や興味関心を伸ばし、自社製品を購入する見込み客を育てるためにマーケット全体に対する施策は欠かせません。ここでは、ブランドのイメージアップとロイヤルティアップの2つの方向から典型的な施策を見てみます。

○ ブランドや商品イメージをアップさせる

ブランドや商品イメージは消費者の心の中に生まれるものなので、単純に「イメージをアップさせたい」と考えても雲をつかむような話になってしまいます。まずは、調査会社や顧客へのヒアリングを通じて、自社のブランドや商品が現在どのように消費者に受け止められているのか把握することからスタートしましょう。

イメージの形成にはポジショニングが参考になります 図表53-1 。自社ブランドに対する消費者の価値づけを、高級感、ハイソサイエティといった「情緒的な価値」と、性能、スペック、サービスなどの「機能的な価値」の二面から捉え、競合他社と比較しながらあるべきポジションへ向かうための施策を考えていきます。

▶ 自動車におけるブランドイメージ例 図表53-1

ドイツにおける自動車のブランドイメージ

作り手との絆／見えない価値や

情緒的価値

愛　ポルシェ　プレミアム　BMW

アルファロメオ　アウディ　メルセデスベンツ

無視　リスペクト

フォルクスワーゲン

機能的価値

見える価値や圧倒的上質感

ドイツで行われた自動車に関するイメージ調査。品質と感性という2つの要素から行われており、両方の要素が高いセグメント（プレミアム）として位置づけられているのがメルセデスベンツ、BMW、アウディ、ポルシェの4ブランドだった。品質が高いが感情が低いセグメント（リスペクト）としてはフォルクスワーゲン、逆に感情は高いが品質は低いセグメント（愛）としてはアルファロメオがあげられた。

出典：遠藤 功『プレミアム戦略』（東洋経済新報社）

事例研究 海外自動車ブランドのイメージアップ戦略

ある外国車メーカーでは、日本国内における販売台数が少ないがゆえにブランドイメージが明確ではありませんでした。そこで、プレミアムブランド入りを目指し、自車の特徴である安全思想や安全機能を徹底的に訴求しながら高所得者向けのメディアに限定して広告出稿を行いました。加えて、クリエイティブのキーに本国の美術や音楽などの文化的要素を入れ込み、機能と情緒の両方の価値訴求を展開しています。

◯ ブランドロイヤルティを高める

直接商品をアピールするのではなく、商品に関わる周辺情報を提供することで間接的にブランドロイヤルティ向上を図る企業も増えてきました。例えば、オウンドメディアやSNSで社会や生活に役立つ情報の提供を続けることでファンが増えれば、ロイヤルティ向上が期待できます。マーケット全体に貢献することで知名度が上がり、見込み客の選択肢に入るようになるというメリットもあります。

事例研究 消費財ブランドのロイヤルティアップ戦略

ある消費財メーカーでは、衣類に関する生活情報サイトを立ち上げ、洗剤の選び方、衣類のお手入れや保管について紹介しています。そのサイトでは自社商品の紹介はメインにしていませんが、消費者の抱える課題を解決することを通じてファンを増やすことに成功しています。また、訪問ユーザーのデータを分析することで、製品開発やプロモーション企画に役立てています。

この汚れはどうやって落とすのかな？

検索

消費者

情報サイト

まずは正しい情報を提供して役立ててもらおう。その後、自然にリピートしてもらいたい

企業

ブランドの資産価値（ブランドエクイティ）については、77ページのコラムも参考にしてください。

Lesson 54 ［マトリクスによる施策の整理と企画］

全体を俯瞰しながら
プロモーション施策を検討しよう

このレッスンの
ポイント

統合プランニングのポイントは、ひとつひとつの施策がプラン全体の中でどんなフローと位置づけを占めるのか理解して企画することです。ここに紹介する方法で、常に全体を俯瞰しながら次の一手を考えられるようになりましょう。

◯ 顧客ステータスとメディアカテゴリーを整理してみる

今まで見てきた3つのメディアカテゴリーと、顧客の購入前から購入後の購買ステータスという2つを組み合わせたマトリクスを使って施策の位置づけを整理してみましょう。

図では縦を広告プロモーション、オウンドメディア、ソーシャルメディアに分け、横を顧客の購入ステータスを購入前、購入時、購入後の3段階に分けたマトリクスを作りました。それぞれの中には各メディアでの施策目的の例を記載しています。このマトリクスに、現在検討中の施策をあてはめながら施策の目的や対象者を再認識すると、次に実施すべき施策や、強化していくポイントはどこにあるのか総合的に把握することができます。

▶ 施策分析のためのマトリクスと施策目的の例 図表54-1

		顧客ステータス		
		購入前	購入時	購入後
		どのような情報を持ち、どう商品を認識しているのか	どのような比較検討から選択を経て購入という行動を起こしたのか	購入や利用と通じて顧客とどのような関係性を築くのか
接触メディアカテゴリー	広告プロモーション	商品やブランドの認知を目的とした出稿	比較検討時に向けた商品の特徴や機能の訴求。タイアップや比較サイトでの広告出稿	商品の利用シーンの紹介などアクセサリーや付属品の告知
	オウンドメディア	信頼感の醸成を目的とした開発ストーリーの展開	商品選択のサポート。使用方法やケーススタディーの紹介	便利な使い方、サポート情報、モデルチェンジ、高度な使い方
	ソーシャルメディア	ニーズや需要の掘り起こしを目的とした活用事例。憧れる生活の提案など	SNSによるユーザー体験の共有促進施策	SNSリサーチによる評判管理

● 活用例：500円お試しセットによる新規顧客獲得施策フロー

基礎化粧品や健康食品などでよく見かけるキャンペーン方法を例にして、マトリクスの使い方を学びましょう。

STEP 1 コアとなる施策をマトリクスに配置する

このキャンペーン概要は、商品を購入したことのない見込み客に対して安価に商品を販売し、体験してもらう機会を提供すること通じて、新規顧客の獲得を狙うものです。まず、コアとなる「500円お試しセット」の施策はマトリクスのどこに配置されるか考えます。お試しセットは商品購入となるので顧客ステータスは「購入時」です。また、販売は自社サイトのECサイトなどになるので、メディアは「オウンドメディア」となると考えることができます。

▶ コアとなる施策をマトリクスにあてはめる 図表54-2

		顧客ステータス		
		購入前	購入時	購入後
接触メディアカテゴリー	広告プロモーション			
	オウンドメディア		お試しセット購入ページ	
	ソーシャルメディア			

STEP 2 顧客の誘導施策を配置する

しかし、お試しセットの販売ページを単純に作成しただけでは、そのページへの顧客流入は見込めません。そこで、「購入前」の段階においてお試しセットページへの流入施策の検討を行います。例えば、広い範囲への告知が可能であるネット広告を使い、「製品に関する告知とお試しセットの告知」といった施策が考えられます。これにより、見込み客を自社サイトへと誘導します。ネット広告の中でも、幅広い層をターゲットに狙っていくのであればディスプレイ広告、購入に近い潜在顧客にはリスティング広告が向いています。あるいは、自社のオウンドメディア経由でメンバー登録をしているユーザー向けのメルマガやアプリなどを活用して告知をしていくというケースも考えられますし、既に商品のファンになっている顧客を探してソーシャルメディアでプロモーションに協力をしてもらうという手法も検討できるでしょう。

▶ 購入前の施策を検討する 図表54-3

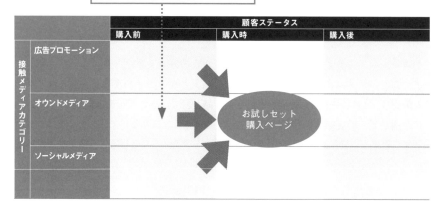

流入を増やすには、お試しページへ
誘導する流入施策が必要

STEP 3 購入後の施策を配置する

一方、「購入後」の施策にはどんなものが
あるでしょうか。

例えば、商品到着時にソーシャルメディ
アで写真を投稿できる仕組みを作れば、
顧客に到着報告やこれからの使用に向け
た期待感の盛り上がりをソーシャルメデ
ィアに発信してもらえます。

その施策は、ソーシャルメディアから見
込み客の流入を促進しようとする購入後
施策と捉えることができるでしょう。こ
の施策の場合はソーシャルメディア施策
となるので、マトリクス右下に配置され
ます。

▶ 購入後の施策を検討する 図表54-4

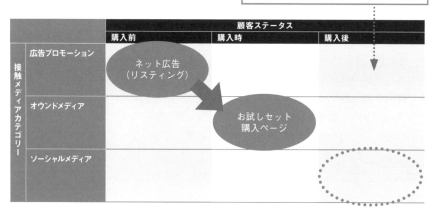

このあとの施策がないと、買っておしまい
か、ページを見ておしまいになってしまう

STEP 4 追加の施策を検討する

このようにしてマトリクスが埋まってくると企画全体の流れを把握しやすくなります。特に、一度ページに誘導を図ったとしても購入せずに離脱してしまう消費者はとても多いものです。下記の例でいえば「購入前のオウンドメディア」では、CRM施策として何かしておくことがないか、このタイミングを活用する施策はないか、といった施策全体の確認ができます。例えば、欠けている部分にはSNSでお友達を紹介することでメリットが得られるキャンペーンなどを追加し、告知の拡散を狙う施策などを検討することで、告知のフローをブーストすることができると考えられます。

▶ **全体の流れを確認し追加の施策を検討する** 図表54-5

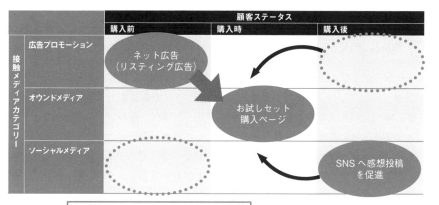

買わずに閉じた人が再訪する仕掛けが必要

マトリクスをすべて埋める必要はありません。また、他社のキャンペーンを分析するときにもこのマトリクスが使えます。

👍ワンポイント マトリクスを応用する

応用としては、縦にトリプルメディアを置くのではなく、店舗などのコンタクトポイントを想定することも可能です。店舗への誘導など戦略的に強化したい場合には「どうすればWebから店舗に誘導ができるのか」「どうすれば、店舗での購入後に推奨してもらえるか」といった施策フローの検討もできるでしょう。

Lesson ［ヒアリングとリサーチによる課題把握］

55 課題を知るためのヒアリングや調査の手法を知っておこう

このレッスンの
ポイント

施策を有意義なものにするためには、顧客の視点をよく理解する必要があります。そのためのマーケティング調査には「関係者へのヒアリング」「公開資料を確認する」「独自に調査を実施する」などの方法があります。

◯ 関係者へのヒアリングでそれぞれの意見を引き出す

マーケターが手始めに行える調査として、関係者へのヒアリングがあげられます。まず、業務上の関係者である関連部署や流通関係者などに自社商品と競合との比較や優位点を尋ねることで、課題を浮き彫りにすることができます。関係者へのヒアリングのメリットは、異なる立場の意見を集約することで自分だけでは見えなかった意見や視点をすくい上げられることです。

もう一歩広げて顧客へのヒアリングを行うケースもあります。既存顧客に商品を買った理由、買わなかった理由などを聞くことで、現時点における課題の傾向を把握できるでしょう。最近ではWebで回答集計できるオンラインサーベイなどが登場しコストは下がっていますが、特典や割引目的の顧客ばかりだと、本来聞きたかった核心に迫れないおそれもあります。

▶ 顧客・関係者へのヒアリング 図表55-1

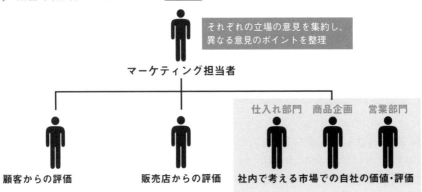

それぞれの立場の意見を集約し、
異なる意見のポイントを整理

マーケティング担当者

仕入れ部門　商品企画　営業部門

顧客からの評価　　販売店からの評価　　社内で考える市場での自社の価値・評価

● ヒアリング用のアンケート作成のポイント

社内関係者など少人数であれば対面でのヒアリングができますが、より多くの人の意見をまとめたり、数値化してまとめるなどの定量的な回答が得たい場合にはアンケート調査が有効です。アンケートを実施する場合には、そのアンケートで「何を知りたいのか」を明確したうえで実施方法や質問項目を決定しましょう。

アンケートは、質問項目が増えると回答数が減ります。そのことを念頭に「設問数は多すぎず、適切な量にする」「専門用語は使用しない」「あいまいな表現を極力避ける」「選択肢を作るときには、もれなくダブりなく作成する」などに注意してアンケート票を作成しましょう 図表55-2 。例えば、購入顧客の傾向を知るのが目的なら、購入時や購入後にアンケートを実施する機会を作ります。質問内容は、年齢や性別、購入場所や購入理由、購入目的など、選択肢から選べるようにすることで回答者の手間を省きながら無効な回答を防ぐことができます。またそうすることでアンケート集計から顧客動向を数値化しやすくなるでしょう。

▶ アンケート例 図表55-2

お客様アンケート

1. 弊社が 2017 年 3 月に発売した○○を知っていますか？
　□知っている　□名前は聞いたことがある　□知らない　□興味がない

2. それは、何で知りましたか？
　□TVで知った　□サイトで知った　□営業マンから聞いた　□当社のサイトで知った
　□(その他　　　　　　　　　　　　　　)

3. ○○の最大の特徴である業界最軽量ということは知っていましたが？
　□知っていた　□軽いことは知っていたが業界最軽量ということまでは知らなかった　□しらなかった
　□興味がない

4. ○○は一般の店舗の販売ではなく、EC サイトだけで販売していることは知っていましたか？
　□知っている　□知らなかった　□興味がない

5. ○○が EC サイトだけで販売しているのは不便だと考えますか？
　□不便である　□店舗で買いたい　□営業マンから買いたい　□買うつもりはない
　□(その他　　　　　　　　　　　　　　)

6. 弊社の製品でご興味お持ちのものがございましたら、お聞かせ下さい。
　□製品①　□製品②　□製品③
　□製品④　□製品⑤　□製品⑥

7. 現在、お客様がお困りの事、お探ししている製品などございましたら、お聞かせ下さい。

8. 今後、弊社からの対応についてご希望をお聞かせ下さい。
　□製品資料の送付　□電子メールによる情報配信　□営業コンタクト　□製品サンプルの提供
　□見積り作成(製品名：　　　　　　　　　　　　)
　□対応不要

以上、ご協力ありがとうございました。

ヒアリングのように自由な意見を聞いて取りまとめることを「定性調査」、数値で状況や傾向を把握していく調査を「定量調査」といいます。目的に合わせて使い分けましょう。

● 公開資料やマーケットリサーチで市場動向を調査する

「マーケットリサーチ（市場調査）」とは、販売しようとする市場がどんな状態にあるのか、変化やニーズなどの動向を調査することです。

美容機器のマーケットリサーチを例にすると、ヘアドライヤーやヘアアイロンの家庭での保有台数、普及率、美容院の月あたりの回数、1回あたりにかける費用、美容院を選択する基準、シャンプーやリンス・トリートメントにかけてもいいと考える費用などの「市場全体」に関わる項目についての調査となるでしょう。

マーケットリサーチについては専門の企業による調査結果や業界団体における調査、さらに官庁からは白書などの公的な調査結果も公開されています。関連業界の資料があれば、定期的に参照し、参考にするといいでしょう。

公的な調査データ

総務省統計局
http://www.stat.go.jp/

情報白書
http://www.soumu.go.jp/johotsusintokei/whitepaper/index.html

経産省　各種白書・報告書
http://www.meti.go.jp/report/whitepaper/index.html

文科省　統計情報
http://www.mext.go.jp/b_menu/toukei/main_b8.htm

厚生労働省　各種統計調査
https://www.mhlw.go.jp/toukei_hakusho/toukei/index.html

国土交通省　統計情報
http://www.mlit.go.jp/statistics/details/

東京商工リサーチ　市場調査・産業調査
https://www.tsr-net.co.jp/service/market_research/index.html

その他の各種調査レポート

楽天リサーチ
https://research.rakuten.co.jp/report/
季節行事やトレンドをテーマに自主的に実施した調査結果データ

マクロミル
自主調査レポート・ホワイトペーパー
https://www1.macromill.com/contact/ja/reports.php

HONOTE（ホノテ）byマクロミル
https://honote.macromill.com/

矢野経済研究所
https://www.yano.co.jp/market_reports/index.php

東京商工リサーチ
https://www.tsr-net.co.jp/service/market_research/index.html

ビデオリサーチダイジェストプラス
https://www.videor.co.jp/digestplus/

野村総研　レポート＆データ
https://www.is.nri.co.jp/report/

マーケティングを考えていくときにリサーチは非常に重要です。リサーチにはたくさんの手法がありますが、まずは身近なヒアリングと公的なデータを押さえることから始めましょう。

● 独自に調査(マーケティングリサーチ)を実施する場合

マーケティング活動のために顧客や見込み客を対象にニーズや利用状況などを調査することを「マーケティングリサーチ」といいます。マーケティングリサーチとマーケットリサーチ（市場調査）とは区別して考えてください。

美容機器のマーケティングリサーチを例にすると、ヘアドライヤーやヘアアイロンについて、知っているブランド、今の保有機種や台数、使用頻度や購入理由、購入決定者、購入場所、購入金額、満足している点や不満点、欲しい機能、どのくらいの費用であれば購入するのかなど、調査対象者に対し、購入に関する項目を調べていきます。

アメリカマーケティング協会（AMA）では、マーケティングリサーチを「商品およびサービスのマーケティングに関する諸問題についての資料を組織的に収集し、記録し、分析することである」と定義しています。つまり、マーケティングリサーチはマーケティング課題そのものを探るための基礎となり、さらにはマーケティング施策検討の基盤にもなるもので、マーケティングプランニングには非常に大切な領域なのです。

● 調査会社に委託する方法もある

社内関係者や展示会などへ来訪した顧客などへのアンケート実施は、あくまで限定された意見を収集した結果となります。もし、より多くの対象者に対してマーケティングリサーチを行い統計的に有効な調査結果を出していく必要があれば、相応の調査と分析のノウハウが必要となります。

ヒアリングのような自由な意見をとりまとめる定性調査の場合、グループインタビューの手法やモデレーターの技量によっても引き出せる内容や深さが異なってきます。数値で傾向を把握することを目標にする定量調査の場合でも、調査対象となるサンプル抽出の方法や質問票の作り方、回収方法や分析方法によっても得られる調査結果の精度が異なってきます。より深い消費者インサイトについての調査や顧客満足度調査などの本格的なマーケティングリサーチについては、専門の外部協力会社に依頼することも検討しましょう。

調査結果から数値だけを取り出すと一人歩きをするときがあります。恣意的な読み方をしないように注意しましょう。

Lesson 56 ［カスタマージャーニーマップの役割］
カスタマージャーニーマップの読み方を確認しよう

**このレッスンの
ポイント**

施策を考えていくツールとして**カスタマージャーニーマップを活用する**ことがあります。マップを作成するためにはしっかりとしたマーケティング調査やノウハウが必要ですが、ここでは**読み方のポイントだけを簡単に説明します。**

⭕ カスタマージャーニーマップは図式化された消費行動

カスタマージャーニーマップは、ある消費者がその商品を購入するに至るまでの心理変化や、その心理変化がどういうときに起きたのかを観光ツアーのルートのように図に表わしたものです 図表56-1 。

消費者に対しての聞き取り調査や、グループによるディスカッションをもとに作成するケース、あるいはWeb解析データなどの行動統計を活用して作成するケースがあります。

▶ カスタマージャーニーマップの例 図表56-1

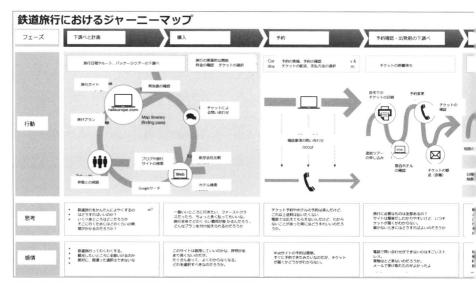

出典：Adaptive pathが公開しているマップをもとに著者作成

○ カスタマージャーニーの構成と見方

カスタマージャーニーマップでは、横軸に消費者の行動を分解して段階別に表し、その下にそれぞれの段階における顧客接点（コンタクトポイント）となるメディアや場所（シーン）、そのときに取る行動や、感情、想いなどを、調査データなどから整理をしていきます。カスタマージャーニーの構成と見方は 図表56-2 にまとめてみました。

○ カスタマージャーニーマップから施策全体を見渡してみる

カスタマージャーニーマップは、消費者の行動や考えを確認するだけで終わるのではありません。マップを通じて施策全体を俯瞰しながら、消費者の行動や感情を左右するポイントにきちんと施策対応ができているのかを確認しましょう。

カスタマージャーニーマップでは、消費者の消費行動の始まりとなるポイントや比較検討時の行動、そのときに使うメディアや接触する情報源を確認することができます。

自社の施策として「消費者が比較検討を行うポイントできちんと商品情報を提供することができているかどうか、その内容は比較検討時の情報として適切なのか」などを振り返ってみましょう。単に消費者の行動を追うばかりではなく、施策全体の整合性を確認したり、対応すべきポイントを再確認したりすることが大切です。

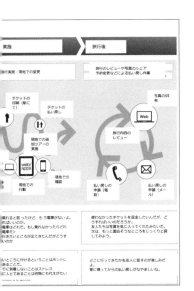

▶ カスタマージャーニーマップの見方 図表56-2

横軸は、大きくどのような段階を経て消費を行っているのかの流れを示している。各段階ではコンタクトポイント（消費者と企業の接点）で行う行動を記述

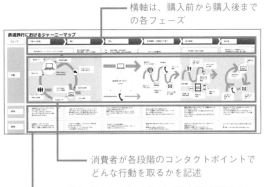

横軸は、購入前から購入後までの各フェーズ

消費者が各段階のコンタクトポイントでどんな行動を取るかを記述

それぞれのステージにおける行動を通じて、どのように考え、感じるかを記述している

57 データの連携でマーケティングの可能性を広げよう

このレッスンのポイント

オウンドメディアでは消費者の行動はデータで記録されています。ネット広告の効果もデータ化されており、それを、さらに企業の保有するデータに連携させてマーケティングに活用する取り組みが始まっています。

○ データの統合によりマーケティング施策の最適化を行う

現在、企業はさまざまな所からデータを収集することが可能になっています。例えば、ネット広告への出稿では広告表示回数、広告表示ユーザー数、広告接触頻度、クリック数などのデータが提供されます。一方、オウンドメディアでは、サイト内のページ別閲覧数ランキングや滞在時間、流入時の検索ワードや検索ワード別の閲覧ページといったサイト内の行動データが取得できます。ソーシャルメディアで

は、情報の拡散量や拡散内容のデータを取得することができます。それぞれの情報を個別に調査し分析したとしても活用方法はそれぞれのメディアにとどまってしまいますが、各メディアの持つデータを統合していくことによって、より複合的な分析が可能となり、より深い示唆を得ながら施策に応用していくことができます。

▶ 取得可能な基本データ例 図表57-1

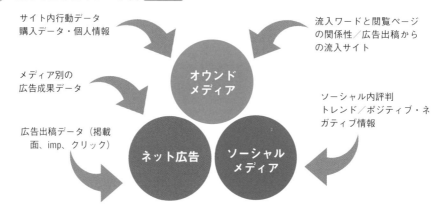

○ ネット広告とオウンドメディアのデータ連携

ペイドメディアへの広告出稿のことを取り上げてみましょう。広告掲載後に各メディアから提供される出稿レポートは発注したメディア単位でまとまっています。通常だと出稿後にそれぞれのレポートを合わせて再集計する必要がありますが、あらかじめシステムを活用して一元管理をしておけば、リアルタイムでメディア別の広告効果が一目で判別でき、さらにサイトの売上データと合わせれば、メデ

ィア別の費用対効果（ROI）も把握することができるようになります（メディアダッシュボード化）図表57-2 。

また、広告出稿システムと販売データやサイト内行動データを連携させ、一度オウンドメディアの特定ページを見た消費者に対し、そのページに関する広告をペイドメディア上で出稿できるなど、単体のデータだけではできなかった手法が可能になっています。

▶ メディア出稿データをダッシュボード化して一括で管理 図表57-2

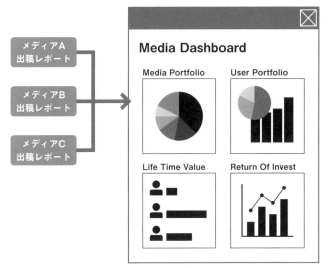

出稿しているメディアのレポートを統合したマーケティングダッシュボードのイメージ図。

BIツールと呼ばれるツールなどで、活動状況を示すさまざまなデータをわかりやすく一覧する画面を「ダッシュボード」と呼びます。

○ デジタルシフトがビジネス推進のキーになる

さまざまなコンタクトポイントを通じて得られるデータを統合してマーケティングに活用するのはもちろんですが、企業内の情報をデジタルデータとして統合し全社横断的に活用していこうという動き（デジタルシフト）が進んでいます。

店舗での販売状況やWebでの消費者行動や購入経路などのデータを取得できるようになったことで、今まで勘と経験に頼っていた仕入れ時期や量、販売タイミングの最適化などでもデータ分析による業務支援が行われるようになっています。

さらに、デジタルデータをリアルタイムに収集することで、計画の立案から見直しまでのPDCAサイクルも今までよりも正確に短期間で回せるようになってきました。社内や社外のデータは、特定部門だけで管理するものではなく、部門を横断して使うことでいかに新しい成果を出すか、という視点が年々重要になってきているといえます。

▶ デジタルデータをベースにした部門間の連携 　図表57-3

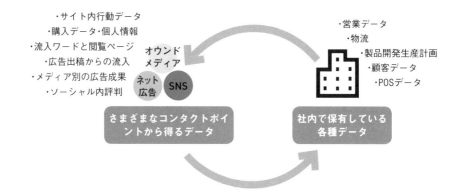

- ・サイト内行動データ
- ・購入データ・個人情報
- ・流入ワードと閲覧ページ
- ・広告出稿からの流入
- ・メディア別の広告成果
- ・ソーシャル内評判

オウンドメディア

ネット広告　SNS

さまざまなコンタクトポイントから得るデータ

- ・営業データ
- ・物流
- ・製品開発生産計画
- ・顧客データ
- ・POSデータ

社内で保有している各種データ

👍 ワンポイント　顧客データの取り扱いに注意

顧客データの取り扱いについては細心の注意を払う必要があります。情報管理のセキュリティーを高めることはもちろんですが、消費者は「意識していない間に自分の情報が取られてしまう」ことに対しては、非常に気持ち悪さを感じます。そのようなマイナスイメージを持たれることのないように、「取得するときにはその旨を宣言する」「使い方や管理方法を宣言する」など、消費者の理解を得ることも大切です。

● デジタルデータを中心にした各部門の連携例

ECサイトと連動してスマートフォンアプリを提供し、各種データを収集しながら店舗とネットの両方でデータを活用する企業も出てきています。アプリでは、EC機能をはじめ、会員登録やポイント管理、商品レビューの書き込みや閲覧機能などを提供し、アプリユーザーになった消費者は、いつでも最新の商品情報やキャンペーン情報を得ることができます。

一方、企業側は、ユーザープロフィールを詳細に知ることができ、どのような商品が人気なのか、何が気に入ってその商品を購入したのかなどの消費者インサイトを直接得られます。さらにその情報を店舗でのマーチャンダイジングや商品開発に生かしていくことにより、消費者にとってのブランドイメージの向上を図り、ファンを増やしています。

▶ アプリの利用データをマーチャンダイズや商品開発に生かす 図表57-4

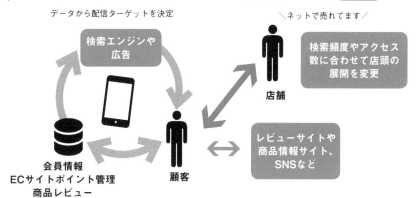

▶ 統合したデジタルデータを各部門が活用 図表57-5

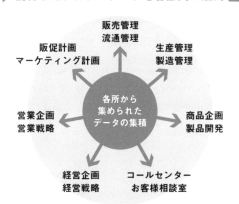

各セクションが得たデータを連携・融合させていくことで生産性を向上させようとする視点は、今後もさらに重要になっていくでしょう。

58

[スマートフォンとデータ連携]

スマートフォンアプリの
データから顧客を知ろう

このレッスンの
ポイント

Lesson 57でもスマートフォンアプリについて触れましたが、ここでは、スマートフォンの普及にともない、自社アプリをサービスの向上や顧客とのコミュニケーションに活用しているユニークな活用事例を紹介していきましょう。

○ スマートフォンアプリを通じた仮説の検証と新たな発見

ある企業では、当初「自社の顧客はまず店頭で商品を認識し、その後アプリを含むさまざまな場所で情報を得ながら購入検討している」との仮説でプロモーションを実施していました。ところが、アプリのアクセス状況や店頭での回遊行動、さらにアンケート調査を行った結果、実際は先にソーシャルメディアで商品を知り、アプリで仕様や機能をチェックした後、

最後に店頭で実物を確認して購入に至っているということがわかりました。

つまり、店頭が商品接触の起点と考えていたのが、実はソーシャルメディアが起点の顧客が多かったのです。そこでプロモーション施策の方針を店頭起点からソーシャルメディアでの商品やブランド接触が増えるように変更し、店頭への来店促進を図るようにしたということです。

▶ データやアンケートから発見した実際の消費行動 図表58-1

当初は商品に出会う場は店頭が最初だと考えられていましたが、実はソーシャルメディアからの情報で初めて商品に出会うケースが多いことがわかったのです。

● AIを活用したレコメンドと経営のデジタルシフト

AIのような新技術を活用したアプリも現れています。

あるファッションアイテムの定額レンタルサービス（サブスクリプションサービス）を提供してるブランドでは、アプリ画面で自社の持つさまざまなアイテムの紹介を行っています。ユーザーは、紹介されるたそれぞれのアイテムに対して「好き」「好みではない」「借りる」といったチェックを付けると、AIはその情報を学習し、徐々にユーザーのファッションの好みを学習していきます。一方、他の

ユーザーの好みや実際に借りるアイテムの傾向もどんどん学習しているので、集計したデータを年齢や居住地、職業などの軸で分析していくと、流行やトレンドがデータ化され、これに生産管理、在庫管理と合わせることによって精緻な販売計画が可能になります。生産数や在庫廃棄も最小限に抑えられるので、利益向上にも貢献します。

まさに、レコメンドのためのマーケティングデータをベースに、企業全体のデジタルシフトを進めた例だといえます。

▶ データ活用による顧客サービスと企業価値の向上 図表58-2

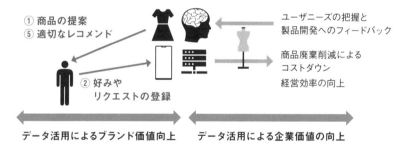

③ データ蓄積と分析
④ AIによるユーザー嗜好の判断

① 商品の提案
⑤ 適切なレコメンド

② 好みやリクエストの登録

ユーザーニーズの把握と製品開発へのフィードバック

商品廃棄削減によるコストダウン
経営効率の向上

データ活用によるブランド価値向上　　データ活用による企業価値の向上

● アプリ活用のヒント

スマートフォンは、常に身に着けており、隙間時間にいつでも使われるので、企業からみれば最も消費者に身近なコンタクトポイントです。しかし、消費者からみれば常にアクセスするものですから常に自分のお気に入りに状態にしておきたいと考えるでしょう。スマートフォンの画面を開いた瞬間に目に入った情報から取

捨選択される傾向があるものの、目障りなアプリやメッセージはすぐ削除・ブロックされてしまいます。

そのため、アプリ活用のポイントは、消費者に対していかに適切にアプローチできるかが決め手となるでしょう。わがまま消費者のマインドをどこまで理解できるかが勝負です。

59

[デジタルマーケティング概念への姿勢]

新しいマーケティング概念に
惑わされないようにしよう

**このレッスンの
ポイント**

デジタル化によってマーケティングに活用できるツールは爆発的に増えています。一見マーケティングの概念も多様化しているように見えますが、言葉に惑わされずに、自社の状況と課題に適した戦略や施策の検討を進めましょう。

⚪ マーケティングの概念はバブル状態

世の中のデジタル化によって、消費者の持つデバイスやメディアへの接触態度が大きく変化する中、企業もそれに向き合いながらデジタルメディアやコミュニケーションツールを活用しています。

また、毎月のように「○○マーケティング」といった言葉、成功事例やロジック

が生まれ、さも新しい概念のように提唱されています。これらの概念は、自社の課題に合わせて取り入れることができれば非常に有用な施策になりえますが、概念や流行にばかりとらわれてしまうと、企業活動としてちぐはぐな施策になってしまうおそれがあります。

▶ 「○○マーケティング」という言葉に注意 図表59-1

バスマーケティング
アンバサダーマーケティング
インスタグラムマーケティング
データフィード活用
ネイティブ広告
動画マーケティング
コンテンツマーケティング

弊社は結局何からやればいいのだろう!?

マーケター

新しいマーケティング概念やツールはどれも短期的に高い効果を出してくれそうに見えますが、結果が出るのは自社のマーケティング課題に合致した場合のみです。

○ 正しい施策の判断基準を持とう

ある企業が「バズ（クチコミ）マーケティング」で低コストでの話題作りに成功したと聞いたら、自社もそれに倣う必要はあるでしょうか。その企業ではたまたま、「BtoBメインだった企業がクチコミが起こしやすいBtoC商品の発売をきっかけに、クチコミが有効な施策ができた」だけかもしれません。

自社の商品はどうでしょうか。見込み客も含めて商品イメージが十分伝わっており、製品リリースのWeb閲覧数や資料ダウンロード数も確保できているなら無理に「バズマーケティング」を導入する必要もないでしょう。それよりも、より商品の理解や利用機会を増やすためのコンテンツマーケティングのほうが必要といえるかもしれません。このように、他社の施策がそのまま自社に通用するか立ち止まって考えるための数字を判断基準として持っておく必要もあるでしょう。

○ 自社の戦略と目的を明確にして、施策候補を絞る

デジタルマーケティングではデータやテクノロジーを活用することによって、今まで不可能だった方法で消費者へのアプローチをすることができます。しかも、その選択肢は非常に多く、アイデア次第で展開の方法もさまざまです。選択肢が多いゆえに、何を基準に施策を選定すべきか迷う画面もあるでしょう。

しかしいろいろなマーケティング用語が飛び交っているからといって、新しい考え方ありきで施策を検討する必要はありません。自社における課題と消費者が企業へ求める期待、どうすれば消費者に受け入れてもらえるのかを検討していけば、とるべき施策の方向性は自然と見えてくるはずです。あらためて、マーケティングを顧客中心に考えることが、デジタル時代にも求められているのだといえます。

▶ 戦略の方向性から施策を決める 図表59-2

コンテンツマーケティング
商品理解や信頼性の向上

ネイティブ広告
ブランドイメージや
商品理解の向上

バズマーケティング
話題作り

データフィード活用
販売バリエーションの拡大

マーケティング
戦略
コンセプト

アンバサダーマーケティング
新規導入・サイト訪問
頻度の向上

マーケティング
オートメーション
マーケティングインフラの改善
顧客満足度の向上

戦略から目的を決めて、目的に合致した施策手法を考えていくというのが王道の考え方。新しい考え方に飛びついても、それだけでは成功は見込めない。

60

[DX（デジタルトランスフォーメーション）への姿勢]

言葉が一人歩きしているDXも本質をきちんと見極めよう

**このレッスンの
ポイント**

デジタルを活用した○○マーケティングという言葉同様に、DX（デジタルトランスフォーメーション）という言葉にも注意が必要です。ここでは、DXを推進するにあたって陥りやすいポイントについて整理をしておきましょう。

⚫ DXの推進に欠かせないのは顧客視点

DX（デジタルトランスフォーメーション）という言葉は、デジタルを活用したビジネスの変革といった意味で、近年さまざまに使われています。デジタル技術を企業経営に取り入れようという掛け声は、コンピューターの登場以降、ずっと続いてきました。「IT革命」「IoT」「クラウド」……いずれも「データを活用しながら的確な経営判断をサポートしていこう」と

いう基本概念や目的は同じです。

ただし現在の状況が以前と異なる点は、利用できるデータの量が圧倒的に増え、技術の選択肢も増えたことです。また商品やサービスもデジタル化し、消費者を含めて、デジタルが社会インフラになっていることです。つまりDXは企業内部の業務だけでなく、顧客やサービスのことまでを考えていく必要があるのです。

▶ デジタルが社会インフラになったDX時代のマーケティング 図表60-1

コンタクトポイント
のデジタル化

経営判断

サービスの
デジタル化

顧客データの
デジタル化

DXとは企業内におけるデータ活用や経営判断だけでなく、サービスや顧客まで視野に入れていくべき概念です。

● 短期的なKPIだけでDXツールを選んではいけない

デジタル施策を直接手がける部門では、施策単位で短期的・効率的にどう成果を上げるかといった視点でデジタル施策の評価を行うことが多くなります 図表60-2 。そのため、こういった専門部署だけでDXツールの選定を進めると、短期的視点が優先されてしまうでしょう。しかし先に述べたとおり、DXには、デジタルに詳しいというだけではなく、経営的な立場で

考える長期的な視点が必要です。そこには、部門のさまざまな場所で行われる施策が融合しあった結果、最終的に企業価値を向上させ、顧客の感じるブランド価値にどのような影響力があるかということを判断しています。

この視点で統合的に進められるDX推進は、企業価値向上という長期的な目的にも寄与します。

▶ 各組織目標におけるDXの目的とKPIの考え方 図表60-2

	目的	評価軸	KPIの例
長期的組織目標	資本の運用／企業ミッションの達成	株式価値・時価総額への影響度、企業価値、顧客に対する価値	株式時価総額／ブランド価値ランキング
中期的組織目標	事業による売上／利益 事業運営の効率化	事業に対しての影響度 商品価値	事業部売上・利益／利益率
短期的組織目標	業務による売上・利益 効率的業務推進・改善	施策単位における効果 効率	施策における売上利益

● DXの本質は企業価値・顧客価値の向上

DXの本質は、デジタルを活用した企業の競争力の拡充であり、企業価値や顧客価値の創造を可能にするものだといえます。しかし、短期目標から長期目標に向かうマイルストーンや各組織階層における意識が統一されないままに、社内の業務改善ツールやCRMシステムや顧客とのコミュニケーションツールといったツールありきのDXだけが推進されてしまうケースが、現在でも多く見受けられます。

確かにデジタルツールの導入は一時的な

業務効率化をもたらしてくれます。しかし、単純なコスト削減効果や、短期的な生産性向上の側面のみで導入を評価すると、本来のDXに求められる企業価値の向上や顧客価値には寄与しない改革になりかねません。

本質的なDX推進のためには、そこに関わるすべての関係者が、短期・中期・長期、さらに各組織階層におけるKPIを相互に十分に理解して、より上位概念で施策を理解し、判断していく必要があるのです。

Lesson　［マーケティング活動の本質］

61 いつでも顧客中心に考えよう

このレッスンの
ポイント

マーケティングの目的は広い意味での「売上」ですが、大事なのは顧客の立場に立つことです。**消費者は、自分の期待を超えないものには見向きもしません。常に消費者目線でマーケティング施策を考えていきましょう。**

◯ 「売れない」は企業目線、「買わない」が消費者目線

ビジネスの世界では、いつでも、多くの人が「売れない、売れない」と悩んでいます。しかし重要なのはその逆にある「買わない」という視点です。Lesson 06で「消費者が買わない理由を考えよう」と提案しました。どうすれば買いたいと思うかは、なぜ買わないかという問いの回答から生まれてきます。そのためには、売り手の都合から考えるのでなく、消費者視点を持たないとなりません。

そのためには、日頃から自分自身が消費者の立場で「欲しい」「買ってもいい」と思う理由を考えるクセをつけましょう。そして、次に身近な人たち、親や家族、兄弟、親しい友人はどう思うでしょうか。あの人は買わないと思ったら、その相手が「買わない」理由を考えてみましょう。直接聞いてみてもいいでしょう。

「買わない理由」を考えてみることが仮説の検討であり、実際に買わない理由を聞いてみるのがリサーチといえますが、消費者視点でのリアルな「買わない理由」を発見することが、優れたマーケティングを生み出す近道となります。

▶ 企業と消費者の大きな溝 図表61-1

企業側　売れないなあ

プロダクトアウト
の発想

買わないなあ　消費者

マーケットイン
の発想

● テクノロジーを追うよりも消費者のインサイトを追う

社会のデジタル化のスピードは非常に速く、消費者における流行のサイクルはどんどん短くなっています。そのような環境でマーケティング施策を考えるとき、今までの方法では通用しないのではないかと不安にとらわれ、次々と新しいテクノロジーを学習したり、取り入れることを検討したくなるかもしれません。確かに、消費者の生活環境や意識の変化を正しく捉えようとすることは重要です。しかし、新しいテクノロジーありきで施策を検討するのではなく、まずは自社が置かれている環境と、消費者や顧客が何を期待しているかからスタートすることが重要です。

何よりも優先するべきは、消費者のインサイトを十分に認識することです。デジタルの時代になっても、消費者は同じ、変わらぬ人間だからです。

> データは消費者の感情や経験の一部が数値化されたものにすぎません。大事なのはデータではなく、データを通じて消費者を見ることなのです。

● 計測できる数値は限られている

デジタルマーケティングは、「消費者の行動や施策の成果を計測数値化し、それをベースに意思決定をする」ことであるとも考えられています。しかし、消費者のWeb行動やその行動の背景、さらに趣味や趣向性などのなかで、計測できるものはごく限られた範囲でしかありません。すべてをデータで集めて意思決定をしようとしても、集約することはできません。データだけを頼りにすると、常に不完全なデータをベースにした意思決定を行うことになってしまいます。しかもそのデータは過去に起きたものですし、ある程度の未来予測はできるものの、精度も完璧なものではないのです。

では、デジタル施策の意思決定のために、その不完全なデータをどうやって補えばいいでしょうか。それは、やはり基本に立ち戻って消費者を人として観察し、その声に耳を傾け、コミュニケーションをとりながらインサイトを考察していくことに他ならないのではないでしょうか。

計測できるデータも時代とともに変わっていく

人間である消費者のインサイトの大切さは今後も変わりませんが、デジタルで得られるデータについて今後大きく変化する可能性もあります。

特に現在、デジタルマーケティングが直面している課題のひとつが「クッキー」の問題です。クッキー（Cookie）は、消費者が閲覧したサイトやページ、クリックしたリンクをWebブラウザに記憶できるもので、Web行動をトラッキングするために使われてきた技術です。

しかしクッキーの利用範囲が、個人のプライバシー保護のため、規制されはじめています。現在、別の方法で消費者のWeb行動データを取得する技術の開発も進められていますが、もし代替技術の開発が進んだとしても、それは消費者のためになることなのでしょうか。

▶ 企業利益と個人のプライバシー 図表61-2

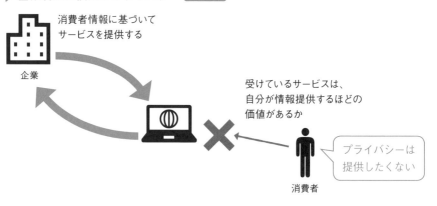

企業

消費者情報に基づいて
サービスを提供する

受けているサービスは、
自分が情報提供するほどの
価値があるか

プライバシーは
提供したくない

消費者

企業からの一方的なマーケティングは成り立たない

今までのデジタルマーケティングの考え方では、消費者のデータをなるべく多く収集し、それをベースに企業がその消費者に向けた施策を決定し、提供する情報も企業が決めていました。消費者自身が選択した機能な内容ではなく、企業側の都合で決められていたといえます。クッキーの利用制限問題とは、消費者が企業に向けてプライバシーを公開することに対してNOというだけではなく、企業からの一方的なコミュニケーション施策に対しても、提供した個人情報に見合っていない、ふさわしくない、不要であるという意思表示にも思えます。

● データとコンテキストの両輪でマーケティングを考えよう

マーケティングの考え方は、コトラーによれば、製品中心に大量生産大量販売を実現するための1.0から、消費者志向の2.0を経て、価値主導型の3.0や消費者の自己実現を共創していく4.0と変化しています。デジタルマーケティングの考え方も一定ではなく、時代によって変化させていくときが来たといえるでしょう。これからのマーケティングは、企業主導で消費者のデータを収集し、企業がそのデータをもとに意思決定をし、さらに企業から一方方向で情報やサービスを提供していくといった、企業主導の発想ではないことは確かでしょう。

今までのデジタルマーケティングでは、そのデータが計測されるに至った消費者の行動背景に何があったのか、それはどのような状況の変化があったから起きたのかといったコンテキスト（行動に至るまでの文脈）がほとんど考察されてきませんでした。

これからのデジタルマーケティングでは、デジタルというデータ計測の可能なプラットフォームを使ってさまざまなデータを取得しながら、その一方でデータの裏側にある計測できない顧客のインサイトやコンテキストを十分に考察していくという、いわばデータとコンテキストをどうやって両立させていくのかが重要になってくるのです。

▶ 新時代のデジタルマーケティングにおいてベースとなる2つの車輪 図表61-3

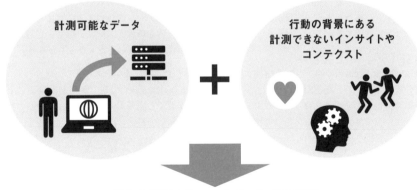

計測可能なデータ ＋ 行動の背景にある計測できないインサイトやコンテキスト

新たなデジタルマーケティングの発想

これからもさまざまな技術が次々に登場するでしょう。でも、取得されたデータに頼るだけではなく、リアルな消費者をきちんと考察していくことが、次世代のデジタルマーケティングの両輪となるのです。

用語集

アルファベット

CPA（シーピーエー）
Cost Per Aquisitionの略。広告に誘導されたユーザーが目標となるアクション（会員登録や商品購入など）をするためにかかった1回あたりの費用。

CPC（シーピーシー）
Cost Per Clickの略。ユーザーが広告を1回クリックするのにかかった費用。

CPM（シーピーエム）
Cost Per Milleの略。広告表示1000回あたりにかかったコスト。

CTR（シーティーアール）
Cost Through Rateの略。クリック率。

DMP（ディーエムピー）
Data Management Platformの略。自社や外部のさまざまなデータを一元的に管理するプラットフォーム。集積したデータは広告配信の最適化などに活用する。

DSP（ディーエスピー）
Demand Side Platformの略。広告を出稿するための配信システム。掲載面や価格、ターゲット条件に合致した広告在庫をSSPやアドエクスチェンジにリアルタイム入札して買い付けて、出稿を行う。

eCPM（イーシーピーエム）
effective Cost Per Milleの略。有効インプレッション単価ともいう。インプレッション保証型でない広告の効果をインプレッション広告のCPMと比較するために換算する方法。広告費用÷インプレッション数÷1000で求める。RPM（Revenue Per Mille）と同義に使われる。

KGI（ケージーアイ）
Key Goal Indicatorの略。プロジェクトやビジネスの最終的な目標を定量的な数値で表したもの。一般にKGI達成のためのマイルストーンとして設定する指標がKPIとされる。

KPI（ケーピーアイ）
Key Performance Indicatorの略。プロジェクトやビジネス目的に対する達成度を測るための、定量的な数値による指標。

LTV（エルティーブイ）
Life Time Valueの略。1人の顧客が自社との取引を開始してから終了するまでの間にもたらす利益のこと。顧客生涯価値ともいわれる。顧客からもたらされる利益とその継続期間を掛け、顧客維持にかかる経費を差し引くことで求める。

PDCA（ピーディーシーエー）サイクル
Plan Do Check Actionの略。Plan（計画）、Do（実行）、Check（効果検証）、改善プランの推進（Action）のサイクル業務を続けることで業務効果を最大化することを目指す。

PMP（ピーエムピー）
Private Marketplaceの略。媒体（メディア）と広告主を限定した広告取引の市場。広告主はブランドイメージを毀損することなくプレミアム広告枠を確保、メディア側は安定した価格を担保できるといったメリットがある。

ROI（アールオーアイ）
Return On Investmentの略。費用対効果のこと。企業が費やした費用（広告など）に対して得られる利益の割合のこと。

SSP（エスエスピー）
Supply Side Platformの略。媒体（メディア）が、広告枠の販売の収益化を最大化・効率化するためのシステム。広告枠や価格、希望する出稿主の業種などを設定し、接続された複数のDSPやアドネットワーク、アドエクスチェンジの配信を一元管理することで、入札された中から最高価格の広告を自動的に選択して配信する。

TD（ティーディー）

Title & Descriptionの略。リスティング広告（テキスト、テキストと画像など）で使われる広告のタイトルと本文のこと。検索エンジンの結果表示の画面で表示される内容であることから、その内容がクリック率を左右する。

UI（ユーアイ）

User Interfaceの略。ユーザーが製品やサービス、Webサイトを利用する際に目にしたり直接操作する画面のこと。人間が目的を達成するための画面見やすさ、手順の明示方法、操作の方法などを含む。

UU（ユーユー）

Unique Userの略。特定のWebサイトに訪れた人の数。

UX（ユーエックス）

User Experienceの略。ユーザーが製品やサービス、Webサイトを利用する際の体験。その心地よさや充足感などの概念を指す。

あ・か

アドサーバー

広告の掲載において、掲載面や表示回数を管理する広告配信サーバー。

インプレッション

広告の表示回数。ページビューとインプレッションは区別して考える。

運用型広告

膨大なデータを処理するアドテクノロジーを活用したプラットフォームにより、広告を最適化しながら運用するタイプの広告。検索連動広告、アドエクスチェンジ、SSP、DSPなどが含まれる。

クッキー（Cookie）

Webサイトの提供者が、ブラウザーを介して訪問者のコンピューターに一時的に簡単なデータを書き込む仕組み。訪問者の識別や認証、訪問回数の記録に利用される。

行動ターゲティング

インターネットの行動履歴情報を利用し、それぞれのユーザーに関連すると思われる広告配信する手法。行動履歴には、閲覧履歴、検索履歴、広告への反応履歴などが含まれる。

コンタクトポイント

商業活動における購買者と販売者の間に発生するあらゆる接点。カスタマータッチポイント、タッチ・ポイントなどとも言う。例えば、店舗やECサイトで物品を購入するだけでなく、広告を見る、クチコミ、サポートサイト閲覧、雑誌記事を読むなども含まれる。

コンバージョン

購入プロセスにおける状態の変化。資料請求から申し込みに、申し込みが制約になるなどの段階の変化を指すが、Webマーケティングでは、資料請求や購買などの成果指標の行動を指すことが多い。

さ・た

サイコグラフィック

ライフスタイルや嗜好、価値観、購買動機などといった心理的な属性をもとにマーケティングの対象者を明確にすること。デモグラフィックの対義語としてマーケティング分野で頻繁に使われる。

ステルスマーケティング

企業が対価を支払い、消費者にそれと気づかれないように商品の宣伝をしてもらうこと。略して「ステマ」と呼ばれる。消費者を欺き、情報の信頼性を失わせる不正な行為である。

デモグラフィック

性別、年齢、移住地域、所得、職業、家族構成などの人口統計学的な属性の総称。これらの属性をもとにマーケティングのターゲットを明確にするための指標。

トラッキング（Tracking）

ユーザーの行動を追跡すること。例えば、広告をクリックしたユーザーが広告主サイトで

用
語
集

どのように行動したかを追跡することにより、資料請求や購買などの目標とする成果に結びついたかを把握できる。

は・ま

発火
商品購入数などのコンバージョンタグや、行動マーケティングにおいてリターゲティングなどのタグが動作したことを表現するインターネット広告業界での言い回し。

フリークエンシー
広告の接触回数。ユーザー1人あたりの平均接触回数で示す。

ページビュー(PV)
ページが一定期間内に表示された回数。PVと略され、「月間○PV」などと表記する。メディアの媒体力の目安のひとつとして利用される。

ポータルサイト
Webサイトを利用するユーザーの玄関口となるサイト。検索機能を備えた総合情報サイト、特定ジャンルの情報を提供する専門ポータルなどがある。

マーケティングオートメーション
興味や関心、行動が異なる顧客や、見込み客に対してそれぞれ最適な施策を実行するためのデジタルマーケティングの仕組み。あらかじめ設計したシナリオに基づいてメール配信やキャンペーンなど複数のチャンネルを利用しながら施策を実行し、その一連の流れを自動化する。Marketing Automationの頭文字からMAと略されることもある。

メディアレップ
Media Representatives（メディア・レプレゼンタティブ）は、媒体（メディア）の代行となって、広告会社に対し広告枠を販売する企業の総称。海外では特定媒体の代行を専業としていることが多い。日本では1社の取り扱い媒体数が多く、独自の事業内容となっている。

や・ら・わ

予約型広告
掲載金額、期間、出稿内容があらかじめ決まっている従来型の広告。これに対してコストや掲載場所が自動入札で変わっていく運用型広告がある。

ランディングページ
広義にはインターネット広告や検索エンジンなどのリンク先となるページを指す。狭義には、ジャンプした先で開き、そこから購入や資料請求などの何らかのアクションやコンバージョンを行わせるページのことをいう。特にネット広告業界やデジタルマーケティング業界では後者の意味で使うことのほうが増えている。

リーチ
届くこと。広告や媒体が到達した割合を示す指標。ある施策に対して何人のユニークユーザー（UU）が特定のサイトに接触したか、キャンペーンごとに広告に接触したユニークユーザーを算出し表す。

リード
将来の顧客になる可能性がある見込み客、もしくは見込み客の情報。lead。セールスリードともいわれる。

リターゲティング
行動ターゲティングの一種。あるWebサイトを訪問したことのあるユーザーに対して、その閲覧履歴をもとに再度の訪問を促すために、広告を表示する手法。

リダイレクト
閲覧しようしたURLから自動的にほかのURLにジャンプさせること。リダイレクトされた先をリダイレクトページという。

参考文献：
一般社団法人 日本インタラクティブ広告協会「インターネット広告掲載に関するガイドライン集／基本実務・用語集　2021年版」

索引

● スタッフリスト

カバー・本文デザイン	米倉英弘（細山田デザイン事務所）
カバー・本文イラスト	東海林巨樹
写真撮影	蓑山一広（panorama house）
編集・DTP	宮崎綾子（アマルゴン）、STUDIO d³

デザイン制作室	今津幸弘
	鈴木　薫

編集	瀧坂　亮

編集長	柳沼俊宏

本書のご感想をぜひお寄せください

https://book.impress.co.jp/books/1121101011

読者登録サービス
CLUB impress

アンケート回答者の中から、抽選で図書カード（**1,000円分**）
などを毎月プレゼント。
当選者の発表は賞品の発送をもって代えさせていただきます。
※プレゼントの賞品は変更になる場合があります。

■商品に関する問い合わせ先

このたびは弊社商品をご購入いただきありがとうございます。本書の内容などに関するお問い
合わせは、下記のURLまたはQRコードにある問い合わせフォームからお送りください。

https://book.impress.co.jp/info/

上記フォームがご利用頂けない場合のメールでの問い合わせ先
info@impress.co.jp

※お問い合わせの際は、書名、ISBN、お名前、お電話番号、メールアドレス に加えて、「該当する
ページ」と「具体的なご質問内容」「お使いの動作環境」を必ずご明記ください。なお、本書の範囲
を超えるご質問にはお答えできないのでご了承ください。

● 電話やFAX でのご質問には対応しておりません。また、封書でのお問い合わせは回答までに日数をい
　ただく場合があります。あらかじめご了承ください。
● インプレスブックスの本書情報ページ https://book.impress.co.jp/books/1121101011 では、本書の
　サポート情報や正誤表・訂正情報などを提供しています。あわせてご確認ください。
● 本書の奥付に記載されている初版発行日から3年が経過した場合、もしくは本書で紹介している製品や
　サービスについて提供会社によるサポートが終了した場合はご質問にお答えできない場合があります。

■ 落丁・乱丁本などの問い合わせ先　　　　　■ 書店／販売会社からのご注文窓口
　TEL　03-6837-5016　　　　　　　　　　　株式会社インプレス 受注センター
　FAX　03-6837-5023　　　　　　　　　　　TEL　048-449-8040
　service@impress.co.jp　　　　　　　　　　FAX　048-449-8041
　（受付時間／10:00〜12:00、13:00〜17:30 土日祝祭日を除く）
　※古書店で購入された商品はお取り替えできません。

いちばんやさしいデジタルマーケティングの教本 第2版
人気講師が教えるコミュニケーションと販促の新しい基礎

2021 年 9 月 21 日　初版発行

著　者　　田村 修

発行人　　小川 亨

編集人　　高橋隆志

発行所　　株式会社インプレス
　　　　　〒 101-0051　東京都千代田区神田神保町一丁目 105 番地
　　　　　ホームページ　https://book.impress.co.jp/

印刷所　　音羽印刷株式会社